U0946981

谨以此书庆祝西北师范大学建校120周年

隋唐五代史

SUITANGWUDAI SHI YAOYI

金宝祥 著　魏明孔 整理

人民出版社

金宝祥教授（1914.2.6—2004.8.25），字嵌岩，著名历史学家、教育家。先生出生于浙江萧山临浦镇戴家桥（今属杭州市），府上曾聘请名士、演义小说作家、历史学家蔡东藩先生为其家庭教师。从浙江省立杭州高级中学毕业后，1934 年就读于北京大学史学系，大学四年级时因全民族抗战爆发随校辗转西迁，直到 1938 年 7 月于云南蒙自西南联合大学毕业，曾受教于陈寅恪、钱穆等国学大师。大学毕业后在云南教中学，课余之暇研究宋史，并发表了《宋高宗南渡前后两淮及西北居民之南迁》《南宋马政考》等学术论文。1941年后先后在四川大学、国立英士大学历史系任讲师、副教授；1950年由范文澜教授推荐到教育部直属西北师范学院历史系任教，次年晋升为教授；1976—1986年任历史系主任。金先生一生追求进步，在北京大学读书期间积极参加“一二·九”学生运动，大学毕业后国难当头，毅然放弃国外留学的机会，致力于教育救国。新中国成立后献身于西北地区的教育事业，在西北师范大学执教达半个多世纪，期间多次婉言谢绝南开大学等名校的诚挚邀请。先生于20世纪60年代初开始招收研究生，先后受业者达十余位。

先生兼任中国史学会理事、中国唐史学会理事、中国唐史学会顾问、中国敦煌吐鲁番学会顾问、甘肃省历史学会会长、甘肃省社会科学联合会顾问、《历史教学》编委、《西北师院学报》（社会科学版）主编等。系首批享受国务院政府特殊津贴者，1986年获得全国劳动模范称号，为甘肃省政府聘任终身教授。

金先生在隋唐史、经济史、民族史、佛学、历史哲学等方面的学术成就享誉学林。金先生80岁时曾撰文自我总结学术研究“数十年如一日，未尝间断”，“寂寞、坚忍、读书、思考，便是我对自己真实的写照”。先生先后出版《唐史论文集》《隋史新探》《陇上学人文存·金宝祥卷》《隋唐五代史要义》等，主编《甘肃史稿》、《中国古代史》（上、中、下）（教材）等，并发表学术论文数十篇。

目 录

绪 论

中国历史到了隋唐，随着魏晋南北朝分裂局面的结束，一个新的统一的中央集权政权，继秦汉中央集权国家之后，再度出现了，出现之后，还在徐徐强化。我们就封建政权是地主阶级统治农民的政治权力而论，那么，到了隋唐，为什么采取中央集权制形式的封建政权？它是在怎样的历史条件下出现的？又在怎样的条件下强化？强化了，又为什么到中唐以后出现地方藩镇的割据？藩镇的割据是否意味着足以促使中央集权政权强化的条件已经消失？

中唐以后，作为地主所有制主要形式的庶族地主所有制继续发展，于是足以促使国家政权继续强化的即作为庶族地主所有制主要内容的人身依附关系的减轻这一条件，也当继续存在。在人身依附关系减轻的条件下，由于劳动生产率的提高，唐朝政府对于生产者的剥削虽然不断加强，但剥削所得却总不够开支府兵隳废后的养兵之费。唐朝政府既无力建立一支强大的中央禁军，也无力供应沿边或内地的节度使的军队，遂使节度使可以权时应变，独专方面，形成了藩镇的割据。所以，中唐以后，在人身依附关系减轻这一基本条件下，国家政权理宜继续走向统一和强化，但是在特殊的条件下，却出现了地方割据的势力。而地方割据的势力，却又受国家政权之走向统一和强化这一必然性的强力支配。因为建立在庶族地主所有制基础之上的每个割据政权，在人身依附关系减轻的基本条件下，不但在割据势力范围之内，必然实行集权政权，而且由于商品经济的发展，也很难永恒割据。历史的进程，必然使国家政权之走向统一和强化这一必然性得以重新显现，但也只有通过长期以来人民的要求生存、反对剥削、要求统一、反对割据的激烈斗争，才能得以显现。这一显现，从五代后周世宗柴荣时期就开始了。

隋唐五代时期封建经济的发展及其矛盾、专制主义中央集权政权的强化、各族之间的相互关系、农民起义的巨大作用等，是本讲义的主要内容。

一、隋朝专制主义中央集权政权的建立和措施

短短30余年的隋朝（581—618年），上承北朝遗绪，下开李唐盛业，在中国中世纪史上具有不容忽视的地位。继承北朝遗绪，所以历史的起点宜从北魏孝文帝太和年间推行均田制开始，自拓跋珪天兴（398—404年）到拓跋宏太和九年（485年）的近90年间，高门大族经过农民起义的层叠打击，从前依附于他们的直接生产者，开始脱离羁绊，变成自由自耕小农，不久受国家的检括，成为国家的编户，为国家提供徭役赋税，人身依附关系分外强化。国家佃农人身依附关系的强化，正是均田制的实质。均田制的出现，是世族地主所有制的一个影子，它体现了私家权力的削弱，国家权力的强化；国家权力的强化，弥补了私家权力的削弱；私家权力的削弱，体现了私家佃农的人身依附关系开始减轻。因此，私家佃农人身依附关系的开始减轻，是北魏中叶到唐代中叶这一阶段的一个起点、核心，或者说是最一般的关系。

正是这个最一般的关系，逐步地形成了北魏以至隋唐的中央集权政权，威慑着北边草原的各个部族，使之积极图谋对策，从而出

现了一个东西呼应、南北勾结、笼罩北边的强大弧形，与中原王朝相对峙。隋文帝父子统治时期就和同北边互通声气的高丽接连发生战争，最终导致全国规模的农民大起义，隋亦以亡。唐朝开国，对高丽和江南的戒备，仍然作为隋史余波涟漪不息！

（一）隋朝统一的历史条件

经过南北朝时期连绵不绝的农民起义，到了它的末期，高门世族已经开始衰落，作为世族地主所有制主要特色的生产者人身依附关系的强化，也开始相对减轻，高门世族的封建特权也开始相对削弱。随着高门世族封建特权的削弱，荫庇于高门世族的隐户，才部分地分离出来。隋王朝就把这些隐户重新编入户籍，作为国家的编户。隋文帝开皇五年（585 年），由高颎建议而推行的所谓“轻税之法”，实则就是在轻税的幌子下，对脱离世族羁绊的隐户进行普遍的搜括，正如唐代杜佑说的：

> 高颎设轻税之法，浮客悉自归于编户。隋代之盛，实由于斯。①

这时“轻税之法”推行的范围，是指河、淮流域，到了开皇九年（589 年）平陈，江南也同样实行。这只要看《资治通鉴》隋文帝开皇九年江表初平，“陈之境内，给复十年”，以及《隋书·食货志》记载开皇十年（590 年）五月“以宇内无事，益宽徭赋，百姓年五十者输庸停防”，便可了然。正因为隋朝平陈之后，江南国家佃

① （唐）杜佑撰：《通典》卷 7《食货典》七《丁中》注文，北京：中华书局影印本 1984 年版，第 42 页。

农的人身依附关系，不可能强于私家佃农，所以荫庇于南方大族之下的浮客，也纷纷脱离私家的羁绊，变为国家编户，从而爆发了开皇十年江南大族的反隋斗争，但由于宽徭轻赋的推行深得人心，未几即平。

这里所谓的“浮客”，就是逃亡异乡依附豪强以为佃客的隐户。因为他们的户口，自“皆注家籍”[①]，不登记在国家的户口册里，故历史上称其为“浮户”“匿户”“浮客”，等等。浮客的“悉自归于编户”，决不是因为公赋轻于私赋，自愿地脱离私家的羁绊，变为国家的编户，而是经过长期的起义斗争，挣脱了私家的羁绊，成为有小块土地的自耕农民，只是在隋朝政府的搜括下，重新被套上封建的枷锁，才变为国家编户即国家佃农的。所以生产者由隐户转而为编户，正反映了高门大族封建特权的开始削弱，而高门大族封建特权的开始削弱，也正反映了直接生产者对高门世族人身依附关系的开始减轻。

隋朝初年，由于“浮客悉自归于编户”，隋朝政府控制了大量国家佃农从事农耕，所以中原的社会生产也一度呈现繁荣；而当时获得社会生产繁荣好处的，自是隋朝政府，决不是国家佃农，这只要看隋朝政府从关东地区剥削得来的大量租庸调物输送关中的频繁情形便可清楚：

每岁河南自潼关，河北自蒲坂（今山西永济东南），达

① （唐）杜佑撰：《通典》卷5《食货典》五《赋税》中，北京：中华书局影印本1984年版，第29页。

于京师，相属于路，昼夜不绝者数月。[①]

至于当时尚未被隋朝并吞的南方陈朝，在农民起义的推动下，也是“良畴美柘，畦畎相望，连宇高甍，阡陌如绣”[②]，农业生产也同样可观。在农业生产恢复发展的基础上，商品流通也较前更为活跃。足以象征商品流通活跃的，则为商业都市的兴起。长安是王都所在，俗具五方，史称这里“人物混淆，华戎杂错”，百姓“去农从商”，争利竞末。[③] 东都洛阳是“富商大贾”的麇集之地[④]；山东的邺都（今河南安阳市北）则“浮巧成俗”[⑤]。至于江南的宣城、吴郡、会稽、毗陵（今江苏常州市）“数郡川泽沃衍，有海陆之饶”，都是“珍异所聚”，“商贾并凑”的都市[⑥]；扬州是冶铸的中心，豫章的“鸡鸣布”[⑦]、成都的织锦等已驰名当时。但是由于军事割据，南北商品的流通受到很大的限制。《北史》卷 86《苏琼传》所记载

① （唐）魏徵等撰：《隋书》卷 24《食货志》，北京：中华书局点校本 1973 年版，第 681—682 页。（唐）杜佑撰：《通典》卷 5《食货典》五《赋税》中，北京：中华书局影印本 1984 年版，第 29 页，记载略同。

② （唐）姚思廉撰：《陈书》卷 5《宣帝纪》，北京：中华书局点校本 1972 年版，第 82 页。

③ （唐）魏徵等撰：《隋书》卷 29《地理志》上，北京：中华书局点校本 1973 年版，第 817 页。

④ （宋）司马光编著，（元）胡三省音注《资治通鉴》卷 180，隋炀帝大业元年（605 年）三月条（北京：中华书局点校本 1956 年版，第 5617 页）：“三月丁未，诏杨素与纳言杨达、将作大匠宇文恺营建东京，每月役丁二百万人，徙洛州郭内居民及诸州富商大贾数万户以实之。”

⑤ （唐）杜佑撰：《通典》卷 179《州郡典》九《风俗》，北京：中华书局影印本 1984 年版，第 954 页。

⑥ （唐）魏徵等撰：《隋书》卷 31《地理志》下，北京：中华书局点校本 1973 年版，第 887 页。

⑦ （唐）魏徵等撰：《隋书》卷 31《地理志》下，北京：中华书局点校本 1973 年版，第 887 页。

的“旧制，以淮禁不听商贾辄度”[1]，就是一个鲜明的例子。所以随着社会生产的发展而引起的反对割据，要求统一，已成为广大人民群众的共同愿望。隋王朝的统一，恰恰符合这一发展的客观形势，得到广大人民群众的支持，因而取得了胜利。但是统一运动的阶级本质，是高门世族由于封建特权的开始削弱，共同要求一个统一的专制主义中央集权政权，来保证对私家佃农剩余劳动的榨取。私家权力的削弱，总由国家权力的强化而得到补充；而国家权力的强化，也总体现着统治阶级的共同意志。因此，由魏晋南北朝的长期分裂而出现的隋王朝的统一，是以私家佃农对私家地主依附关系由强化而开始减轻这一特定的历史条件为前提的。这一条件的出现，则是南北朝以来人民群众对统治阶级进行不懈斗争的结果，只有在这一条件下，才有社会生产的发展，才有符合广大人民群众意志的统一运动的出现。正因为广大人民群众一致要求统一，反对混战，所以当北周武帝宇文邕以关陇地区的武力优势即府兵集团进兵山东时，得到山东百姓的一致支持，使其迅速并吞北齐。后来篡夺北周政权的隋文帝杨坚再以关陇武装进兵长江时，又得到南北百姓的一致支持，迅速并吞梁、陈，终于使西晋永嘉（307—313 年）以来分崩离析的局面从此结束，具有全国规模的君主专制主义中央集权政权的隋王朝从此出现。

《通典》卷 7《食货七》对杨隋篡周（581 年）至隋大业二年（606 年）这段历史作了一番带有普遍性而又集中的叙述：

---

① （唐）李延寿撰：《北史》卷 86《循吏・苏琼传》，北京：中华书局点校本 1974 年版，第 2879 页。

> 隋受周禅，得户三百六十万，开皇九年（589年）平陈，又收户五十万，洎于大业二年（606年），干戈不用，惟十八载，有户八百九十万矣。其时承西魏丧乱，周、齐分据，暴君慢吏，赋重役勤，人不堪命，多依豪室，禁网隳紊，奸伪尤滋。高颎睹流冗之病，建输籍之法，于是定其名，轻其数。

而之所以说带有普遍性，只是在已经探索出这个阶段最一般关系的前提下，重读这段史料时，总觉得它所列举的事物，都包含着这个阶段最一般的关系，而且能自然地联想到这段史料以外的其他史料或历史事件。为了更好地说明这段史料，如果把它往上追溯到北魏末年，就更恰当，因为国家佃农的流徙，北魏正光（520—525年）之末就已开始了。这样，对这段史料说的“其时承西魏丧乱，周、齐分据，暴君慢吏，赋重役勤，人不堪命，多依豪室”，就有全体之感了。因为这短短数语，不论西魏、北魏，不外乎是国家佃农流徙道路，联合部分私家佃农，打击国家政权，打击部分私家地主，从而出现了不入国家户籍的自由自耕农和流入世族之家以佃食为生的佃客，这二者的出现难道不是均田制的由兴而衰和世族所有制由衰而兴的过程？但是只要不入国家户籍的自由自耕农的大量存在，均田制的兴而复衰，世族所有制的衰而复兴，都只是暂时的，所以到了隋文帝开皇五年（585年）[①]，高颎置轻税之法，浮客再归于编户，均田制再复兴，世族所有制再衰落，到大业二年（606年），户

① 据（宋）司马光编著，（元）胡三省音注《资治通鉴》卷176，陈长城公至德三年（585年）三月条（北京：中华书局点校本1956年版，第5481页）可知，轻税之法当始于开皇五年，即585年。

口之盛遂为魏晋南北朝以来所未有。

隋统一南北后，根据文献资料，我们对商品货币关系，总以为南盛于北，其实并不尽然。就北方而论，东都洛阳，“其俗尚商贾，机巧成俗”①。王都京兆，“人物混淆，华戎杂错，去农从商，争朝夕之利，游手为事，竞锥刀之末”②。邺都之人，“浮巧成俗，雕刻之工，特云精妙，士女被服，咸以奢丽相高。其性所尚习，得京、洛之风矣”③。蒲州在北魏孝文帝时，已“俗多商贾，罕事农桑，人至有年三十不识耒耜”④。至于江南，大体近似，旧京丹阳百姓中“率多商贩”，“市廛列肆，埒于二京”⑤；“宣城、毗陵、吴郡、会稽、余杭、东阳，其俗亦同。然数郡川泽沃衍，有海陆之饶，珍异所聚，故商贾并凑。”⑥ 所以在人身依附关系开始减轻的前提下，商品货币关系的抬头，乃是南北共同的趋势。如果将北人尚儒学，鄙货殖，南人识时务，重商贾，看作南北大族对商品经济的不同态度，那么，要知道这些事例并无普遍性。比如，作为关陇大族的苏威在开皇（581—600 年）时就认为，京师之地：

① （唐）魏徵等撰：《隋书》卷 30《地理志》中，北京：中华书局点校本 1973 年版，第 843 页。

② （唐）魏徵等撰：《隋书》卷 29《地理志》上，北京：中华书局点校本 1973 年版，第 817 页。

③ （唐）魏徵等撰：《隋书》卷 30《地理志》中，北京：中华书局点校本 1973 年版，第 860 页。

④ （唐）李延寿撰：《北史》卷 15《魏诸宗室 · 常山王遵传》，北京：中华书局点校本 1974 年版，第 573 页。

⑤ （唐）魏徵等撰：《隋书》卷 31《地理志》下，北京：中华书局点校本 1973 年版，第 887 页。

⑥ （唐）魏徵等撰：《隋书》卷 31《地理志》下，北京：中华书局点校本 1973 年版，第 887 页。

临道店舍，乃求利之徒，事业污杂，非敦本之义。遂奏高祖，约遣归农，有愿依旧者，所在州县，录附市籍，仍撤毁旧店，并令远道，限以时日。①

苏威这是对商品经济怀有极大的歧视。但就在同一问题上，当时身任纠察的考功侍郎、出身赵郡的李谔，却和苏威持完全相反的态度。李谔说：

四民有业，各附所安，逆旅之与旗亭，自古非同，一概即附市籍，于理不可，且行旅之所依讬，岂容一朝而废，徒为劳扰，于事非宜。遂专决之，并令依旧。②

这正反映了李谔的思想符合历史的趋势，而苏威则显得冥顽保守了。当然，北方大族因受传统的重本抑末的思想影响较深，尽力使自己的庄园不许掺入商品经济，也确有其人，如开皇（581—600年）时，郑善果的母亲清河崔氏，"恒自纺织，夜分而寐"，"非自手作，及庄园、禄赐所得，虽亲族礼遗，悉不许入门"。③ 那么，南方大族又怎样呢？《隋书·地理志》如此记载：

豫章之俗，颇同吴中，其君子善居室，小人勤耕稼，衣冠之人，多有数妇，暴面市廛，竞分铢以给其夫。……一年蚕四五熟，勤于纺绩，亦有夜浣纱而旦成布者，俗呼

① （唐）魏徵等撰：《隋书》卷66《李谔传》，北京：中华书局点校本1973年版，第1546页。

② （唐）魏徵等撰：《隋书》卷66《李谔传》，北京：中华书局点校本1973年版，第1546页。

③ （唐）魏徵等撰：《隋书》卷80《列女·郑善果母传》，北京：中华书局点校本1973年版，第1805页。

为“鸡鸣布”。[1]

这些暴面市廛的衣冠之妇和郑善果的母亲，正好是个鲜明的对照：后者遵守门第家风，为世称美；前者争朝夕之利，不以为怪。但在商品货币关系抬头的条件下，尽管竭尽全力使庄园经济不受商品经济的影响，但最后必将受其影响，或受商品经济的腐蚀兼并，日趋衰落；或以庄园经济之所有，从事交换活动，使世族地主除了土地财富外添上一层货币财富。所以私家佃农人身依附关系的开始减轻，说它是世族所有制的开始变革，固然不错；如果从法律关系上着眼，说它是私有财产制度的变革，同样不错。世族地主到了这时，不但广置田产，而且兼营货殖了。隋朝贵宠一时的杨素，广营资产，自京师及诸方都会处，邸店、碾硙，便利田宅，不可胜数，家僮千数，后庭妓妾曳绮罗者以千数[2]，便是一条能反映隋史本质的史料。

历史的活动是人民群众的事业，没有南北朝时期人民群众的起义斗争，就不可能有私家佃农人身依附关系的减轻这一特定历史条件的出现，从而也就不可能有统一的隋王朝的出现；统一的隋王朝的出现，在当时的特定历史条件下，是历史的必然；而杨坚之所以能统一南北，是在当时高门世族亟须有一个新的统一的专制主义中

① （唐）魏徵等撰：《隋书》卷31《地理志》下，北京：中华书局点校本1973年版，第887页。

② （宋）司马光编著，（元）胡三省音注：《资治通鉴》卷179，隋文帝仁寿二年（602年）十二月条，北京：中华书局点校本1956年版，第5596页。

央集权政权对全国农民进行强力统治这一共同要求下进行的[①]，所以隋王朝的出现，同时又标志着全国农民在专制主义中央集权政权的残暴统治下将走上新的悲惨命运！

（二）隋朝中央集权政权的强化

魏晋南北朝时期，由于生产力的低劣，封建经济领域内的商品生产显得萧索冷落，社会上还缺乏足够的商业资本和高利贷资本对私家和国家的土地进行腐蚀兼并，而私家佃农的人身依附关系也分外强化，自然经济占据绝对优势。每个高门世族，在他所占有的大片土地之内，有数以千计的宗族、僮客、部曲等，土地所有权显得安固久长。而足以体现封建土地所有权属性的政治的或军事的特权也十分强烈。这种特权实则是高门世族对生产者人身的所有权，是高门世族用以攫取生产者剩余劳动的超经济强制权力。

马克思指出，资本主义“土地所有权因为已经摆脱以前一切政治社会的装饰品和混合物，简单地说，就是已经摆脱一切传统的附属物，所以取得了纯粹经济的形式”[②]。这种和土地所有权相胶固的“混合物”或“附属物”，正是封建土地所有权的主要内容，它的实质就是人身所有权。所以马克思又说：

> 这种土地所有权，也可以只是某些人对直接生产者本

① 金宝祥：《关于隋唐中央集权政权的形成和强化问题》，《甘肃师范大学学报》（社会科学版）1963年第2期。该文收入氏著《唐史论文集》，兰州：甘肃人民出版社1982年版，第120—164页；魏明孔、杨秀清编选：《陇上学人文存 · 金宝祥卷》，兰州：甘肃人民出版社2012年版，第182—225页。

② 马克思著，郭大力、王亚南译：《资本论》第3卷，北京：人民出版社1966年版，第725页。

人拥有的所有权的附属品，例如在……农奴制度下就是这样。①

马克思把封建社会的土地所有权比作人身所有权的附属品，可见人身所有权对封建社会土地所有权的重要意义。对封建社会来说，因为丧失土地的农民被固着于土地之上，为封建主提供剩余劳动，所以所有制的关系“必然会取得直接统治和服从的关系的形式”②，就必然是人身依附关系。封建主为了巩固这种人身依附关系，也就是为了巩固这种经济上的统治，于是必须有政治上的统治，必须有人身所有权。在漫长的封建社会里，尽管作为封建土地所有权主要内容的人身所有权未曾消失，但是随着连绵不绝的农民起义而引起的人身依附关系的逐渐减轻，却也在逐渐削弱。魏晋南北朝时期，正因为人身依附关系十分强化，所以作为土地所有权属性的政治的军事的特权也显得分外强烈。在分割性的世族地主所有制的基础上，虽然有君主专制政权，但是由于世族封建特权的强固存在，君主专制政权也就不可能充分发挥它的作用。每个由宗族、奴客、部曲等所构成的高门世族集团，不但是一个独立的经济力量，而且还是一个独立的武装力量。

但是到了南北朝末期，高门世族由于经过农民起义的叠层打击，却毕竟开始衰微了。随着高门世族的开始衰微，世族的封建特权也开始削弱，生产者的人身依附关系也相应开始减轻。随着人身依附

① 马克思著，郭大力、王亚南译：《资本论》第3卷，北京：人民出版社1966年版，第744页。

② 马克思著，郭大力、王亚南译：《资本论》第3卷，北京：人民出版社1966年版，第924页。

关系的减轻，生产者必然有较多的自由可以改进生产，劳动生产率也随之有所提高，封建经济领域内的商品经济也随之活跃。南北朝末期，足以反映商品经济活跃的，莫过于货币流通的逐渐广泛。南北朝以前，货币几乎停滞流通，交易的主要媒介限于谷帛绢布等实物。自北魏孝文帝太和十九年（495 年）铸太和五铢钱[①]以后，周、齐、梁、陈诸政权均颇多新铸，品类各殊，私铸尤盛，北方的青、齐、徐、兖诸州和长江流域的荆、扬、江、湘、梁、益诸州也开始用钱[②]。到南北朝末期，作为“商品交换价值的结晶”的货币，已经比较广泛地流通，亦足以表明当时商品交往的发达和各地经济联系的密切。随着各地经济联系的密切，政治上的分裂，必然因不适应历史的要求而难以持久，而品类繁多的货币也随着政治形势的渐趋统一而统一。隋文帝初年之所以亟亟统一货币，原因就在于此。[③]

与此同时，南北高门世族由于封建特权的削弱，也必然要求一个统一的国家权力，以便对生产者进行有力的统治，历史上任何国家权力的本质，总脱离不了阶级的统治。杨隋政权也不过是高门世

---

① （北齐）魏收撰《魏书》卷 110《食货志》（北京：中华书局点校本 1974 年版，第 2863 页）：“魏初至于太和（477—499 年），钱货无所周流，高祖始诏天下用钱焉。十九年，冶铸粗备，文曰‘太和五铢’，诏京师及诸州、镇皆通行之。内外百官禄皆准绢给钱，绢匹为钱二百。”

② （唐）魏徵等撰：《隋书》卷 24《食货志》，北京：中华书局点校本 1973 年版，第 689—691 页。

③ （宋）司马光编著，（元）胡三省音注《资治通鉴》卷 175，陈宣帝太建十三年（581 年）九月条（北京：中华书局点校本 1956 年版，第 5443—5444 页）：“初，周、齐所铸钱凡四等，及民间私钱，品名甚众，轻重不等。隋主患之，更铸五铢钱，背、面、肉、好皆有周郭，每一千重四斤二两。悉禁古钱及私钱。置样于关，不如样者，没官销毁之。自是钱币始壹，民间便之。”另（唐）魏徵等撰《隋书》卷 24《食货志》（北京：中华书局点校本 1973 年版，第 691 页）也有类似记载。

族用以维护自己经济利益的一种工具。隋王朝所推行的一切足以体现王权强化的措施，几乎没有不受世族地主阶级意志的支配。[①] 因此，隋朝中央集权政权的出现，归根结底，是决定于在阶级斗争推动下而形成的当时作为世族地主所有制主要内容的人身依附关系的相对减轻这一历史条件的。

随着隋初国家政权的统一，国家权力也随之强化，强化的标志是作为中央集权国家的三大权力机构，即内史[②]、门下、尚书三省，开始真正履行君主专制政治，地方政权开始真正归于中央。三省长官即内史省的内史（即中书令）、门下省的纳言（即侍中）和尚书省的尚书令，唯君主之命是从。三省所职，依然遵循南北朝以来的中书掌机密，门下献可否，尚书听命执行。内史、纳言因为同掌出纳王命的大权，所以被称为宰相。但是为了杜绝宰相的擅权用事，凡为尚书令或其助手左、右仆射而有“兼掌机事”职衔的，也可参与机要，同为宰相。所以隋代三省的实质，是在君主意志支配之下，做到互相联系、互相督察、互相制约，借以体现集中王权的有机的行政集合体。隋代以前，三省也是出纳王命总领机要的所在，但却始终不曾形成一个足以体现集中王权的有机的共同体。与其说它们是执行国家政务的机构，不如说是高门贵族把持朝政的三个重要据

---

① （唐）魏徵等撰：《隋书》卷 41《高颎传》，北京：中华书局点校本 1973 年版，第 1179—1184 页；（唐）魏徵等撰：《隋书》卷 41《苏威传》，北京：中华书局点校本 1973 年版，第 1184—1192 页。

② 隋改中书省为内史省，唐初复为中书省。

点。[①] 当时地方政权既不能集中于中央，州牧、刺史也不见得轻于台省要职。宋文帝时，南阳刘湛曾对人说："今代宰相何难，此正可当我南阳郡汉代功曹耳。"[②] 以小小掌管选拔官吏的功曹和宰相相等同，固然言之过当，但却也反映了当时士大夫重外职、轻内官的共同心理。到了隋初，随着地方政权归于中央，由重外职、轻内官一变而为重内官、轻外职了。河东柳机和他的哥哥柳昂，北周末年都当了宰相，隋文帝登位，并授外职，机为华州刺史，昂为潞州刺史，而杨素被任命为宰相，"因上赐宴，素戏机曰：'二柳俱摧，孤杨独耸。'坐皆欢笑，机竟无言"[③]。由刘湛的蔑视宰相到杨素的居相位而洋洋自得，正是地方政权归于中央和中央政权逐渐强化的一个例证。隋初地方政权的归于中央，从官吏的选授来看也很明显。《隋书》卷75《儒林·刘炫传》云：

> （吏部尚书牛弘）问（刘炫）魏齐之时，令史从容而已，今则不遑宁舍，其事何由？炫对曰："……往者（指魏齐之时）州惟置纲纪，郡置守丞，县唯令而已；其所具僚，则长官自辟……今则不然，大小之官，悉由吏部，纤介之迹，皆属考功。"

---

① 参见金宝祥《关于隋唐中央集权政权的形成和强化问题》，《甘肃师范大学学报》（社会科学版）1963年第2期，第17—40页。该文收入氏著《唐史论文集》，兰州：甘肃人民出版社1982年版，第120—164页；魏明孔、杨秀清编选：《陇上学人文存·金宝祥卷》，兰州：甘肃人民出版社2012年版，第182—225页。

② （唐）李延寿撰：《南史》卷35《刘湛传》，北京：中华书局点校本1975年版，第909页。

③ （唐）魏徵等撰：《隋书》卷47《柳机传》，北京：中华书局点校本1973年版，第1272页。

官吏的选授，也不像从前由长官任意征用，而完全归于中央吏部，唐代杜佑说的“自是，海内一命以上之官，州郡无复辟署”①，正道破了隋代历史的变革。

（三）开拓边疆和对西域的交通

隋文帝、隋炀帝父子为了巩固和发挥专制主义中央集权隋王朝的威力，对于开拓边疆和经营西域交通，真是处心积虑、不遗余力。当时威胁隋王朝的，是分布在我国北方和西北的两个边塞民族——突厥和吐谷浑。突厥和吐谷浑从北朝以来，经常向汉族农耕地区进行军事掠夺。隋王朝对付这两个力量，采取不同政策，即对突厥采取反间和反击相交替的防御政策，对吐谷浑采取由反击而发展为大规模的征服政策。

突厥世居金山，原是柔然的附庸，工于锻铁，金山状如兜鍪，人们呼兜鍪为突厥，因以为号。到第六世纪中叶土门可汗时，突厥部落繁衍，势力渐盛，脱离了柔然的羁绊，雄踞漠北，与中原王朝相抗衡。土门可汗的弟弟室点密率领部落，西破嚈哒，尽有天山北路西至锡尔河一带的领土，为突厥的西面可汗，其受东部突厥的统摄。隋初，土门可汗之子沙钵略可汗屡次骚扰北边，隋文帝开皇二年（582年），沙钵略和室点密之子达头可汗相联合，以东西突厥的联军自固原大举入侵，“武威、天水、金城、上郡、弘化、延安，六

① （唐）杜佑撰：《通典》卷14《选举典》二《历代制》中，北京：中华书局影印本1984年版，第81页。

畜咸尽”[①]。隋王朝除了军事抵抗外，还利用突厥内部矛盾，以“远交而近攻，离强而合弱”[②] 的政策，进行反间，使沙钵略与达头可汗自相猜疑，互为敌国，不能凝结为一个强大的军事力量，东西突厥至此正式分立。开皇四年（584 年），突厥达头可汗“请降于隋”[③]，隋朝的国力才得以向西伸张。开皇十九年（599 年），东突厥的启民可汗也归朝称臣，他的部落徙居到夏（治今内蒙古白城子）、胜（治今内蒙古榆林）两州之间。突厥对隋的边患，到此暂告解除。继续为边患的，便是吐谷浑了。

吐谷浑原出辽西鲜卑涉归之后，涉归的长子吐谷浑因与其弟不协，西晋末年，率其部落沿河套西迁，度陇山而抵于甘州之南、洮水之西，地方数千里，以吐谷浑为部落称号。北周、隋之际，吐谷浑部落强大，屡次向河西骚扰。隋文帝统一南北后，为了对西域进行实际控制，维护横贯中西的丝绸之路，对吐谷浑实行和亲政策，下嫁光化公主给世伏可汗，以相羁縻，但吐谷浑对河西的侵扰并未停止，而每年来朝贡的使者“常访国家消息”[④]，这才引起隋王朝的猜疑。炀帝即位，东西突厥的威胁既告缓和，而东方的高丽正在怂恿契丹、靺鞨等东北草原民族向辽西进行武装掠夺，隋炀帝为了巩

---

① （宋）司马光编著，（元）胡三省音注：《资治通鉴》卷 175，陈宣帝太建十四年（582 年）十二月条，北京：中华书局点校本 1956 年版，第 5458—5459 页。

② （唐）魏徵等撰：《隋书》卷 51《长孙览传・附长孙晟传》，北京：中华书局点校本 1973 年版，第 1331 页。

③ （宋）司马光编著，（元）胡三省音注：《资治通鉴》卷 176，陈长城公至德二年（584 年）二月条，北京：中华书局点校本 1956 年版，第 5473 页。

④ （唐）魏徵等撰：《隋书》卷 83《西域・吐谷浑传》，北京：中华书局点校本 1973 年版，第 1844 页。

固中央集权帝国的统治，决定先对吐谷浑进行征伐，然后再全力对付高丽。大业初年，隋朝借铁勒的力量，大破吐谷浑，伏允可汗率众南迁，河西平静。大业五年（609年）炀帝亲自西巡张掖，高昌王麹伯雅、伊吾吐屯设[①]和西域二十七国的使者都来朝觐，于是隋朝置西海、河源、鄯善、且末诸郡，并在河源郡的积石镇驻扎重兵，大开屯田，来“扞御吐谷浑，以通西域之路”[②]。这样经过魏晋南北朝的长期分裂，和中原王朝的关系时通时绝的西域地区，到此又开始互通声气了。

隋朝通西域的道路，根据裴矩《西域图记》[③] 的记载，共有三道。北道从伊吾，经蒲类海、铁勒部、突厥可汗庭，渡药杀水而直达拂菻国即东罗马。中道从高昌，经焉耆、龟兹、疏勒，渡葱岭而抵波斯。南道从鄯善，经于阗、朱俱波、喝槃陀（塔什库尔干），渡葱岭，过斡罕、梵衍那谷，而至北婆罗门即北印度。裴矩是隋代掌管中西通商事务的一位官吏，他的《西域图记》三卷，就是向当时经商张掖的西域商人等进行实际访问而撰成的一部地理图书，对于西域诸国的山川、道里、人物、民族、物产、风土等都有翔实的记载，很受隋炀帝的赞赏。这书虽已失传，但从现存的序文来看，和西汉出使西域的张骞向汉武帝奏陈的那篇报告即《史记·大宛传》，

① （宋）司马光编著，（元）胡三省音注《资治通鉴》卷181，隋炀帝大业五年（609年）六月条注文：“吐屯设，意突厥所置，以守伊吾”（北京：中华书局点校本1956年版，第5644页）。

② （宋）司马光编著，（元）胡三省音注：《资治通鉴》卷181，隋炀帝大业五年（609年）六月条，北京：中华书局点校本1956年版，第5645页。

③ （唐）魏徵等撰：《隋书》卷67《裴矩传》，北京：中华书局点校本1973年版，第1578—1580页。

具有同样的历史价值，体现了在统一的中央集权帝国的条件下，我国西部各族人民和中原地区在政治上、经济上和文化上的相互交往和紧密联系。

（四）隋朝对高丽的讨伐、对江南的戒备

隋王朝对高丽的讨伐、对江南的戒备，是作为统一的封建专制主义中央集权国家统治职能的体现。

1. 隋朝对高丽的讨伐

高丽自拓跋魏统一北部中国后，为了抵制中原王朝军事势力的征伐，和南方的东晋南朝相与亲善，结成与国。这一情形到了陈朝更加发展。高丽王高汤受陈朝册封为宁东将军，屡次遣使取海道往聘江南。当隋文帝篡夺北周政权向江淮进兵之际，高丽王驱使契丹、靺鞨等东北边塞民族骚扰辽西，以牵制隋朝的南进，来保持南北的对峙。南朝的政权存在一天，高丽受中原军事势力的威胁，也就相应减轻一些。隋文帝开皇九年（589 年），陈朝既灭，高丽王“陈兵积谷，为守拒之策”①，对于统一南北的隋朝的军事威胁，“恒自猜疑”，且“常遣使人密觇消息”②，积极图谋对策，从而引起隋王朝对高丽的戒备。同时，因陈朝之亡也引起吐谷浑可汗夸吕和高丽王高汤的“大惧”③，这固然只是吐谷浑、高丽因曾与南朝相勾结，以抵

---

① （唐）李延寿撰：《北史》卷 94《高丽传》，北京：中华书局点校本 1974 年版，第 3116 页。

② （唐）魏徵等撰《隋书》卷 81《高丽传》引开皇十七年（597 年）隋文帝赐高丽王高汤玺书语，北京：中华书局点校本 1973 年版，第 1815 页。

③ （宋）司马光编著；（元）胡三省音注：《资治通鉴》隋文帝开皇十一年（591 年）二月条，北京：中华书局 1956 年版，第 5534 页。

制中原王朝军事势力之扩充的一种惶恐心理，但就隋朝来说，难道能排除对以高丽为首而形成的东西呼应、笼罩北边那个强大弧形的惶恐心理吗？《资治通鉴》开皇十八年（598 年）二月条如此记载："高丽王元帅靺鞨之众万余寇辽西，上闻而大怒……以汉王谅、王世积并为行军元帅，将水陆三十万伐高丽"，但出师不利，隋军"死者什八九"[①]，这是中原王朝第一次大规模对高丽作战的一次惨败[②]。炀帝即位后，于是建都、开河、筑城，无年无之，而其目的莫不是为将来与高丽决战做准备。辽东之役，隋朝在全国范围内"扫地为兵"[③]，役重敛暴，死亡枕藉。"隋役"二字也成为唐代贞观君臣用以鉴戒的一个专名了。[④]

开皇十年（590 年），隋文帝给高丽王高汤的国书，就以上国的口气对他的不守"藩臣之节"进行谴责、威胁，说"罪王不为陈灭，赏王不为陈存"[⑤]，意谓只要高丽王向隋朝称臣纳贡，守"藩臣之

---

① （宋）司马光编著，（元）胡三省音注：《资治通鉴》开皇十八年（598 年）九月己丑条，北京：中华书局点校本 1956 年版，第 5562 页。（后晋）刘昫等撰《旧唐书》卷 54《窦建德传》（北京：中华书局点校本 1975 年版，第 2234—2235 页）：大业七年（611 年）"募人讨高丽，……是岁山东大饥，建德谓（孙）安祖曰，'文皇帝时，天下殷盛，发百万之众，以伐辽东，尚为高丽所败。'"

② （后晋）刘昫等撰：《旧唐书》卷 54《窦建德传》（北京：中华书局点校本 1975 年版，第 2235 页）称"发百万之众"，当指包括供军需的民夫在内。（宋）司马光编著，（元）胡三省音注《资治通鉴》卷 178 所谓的开皇十八年（598 年）二月条（北京：中华书局点校本 1956 年版，第 5560 页）称"水陆三十万"专指战士，二者并不抵牾。

③ （唐）魏徵等撰：《隋书》卷 24《食货志》，北京：中华书局点校本 1973 年版，第 686 页。

④ （后晋）刘昫等撰：《旧唐书》卷 75《张玄素传》，北京：中华书局点校本 1975 年版，第 2641 页。

⑤ （唐）魏徵等撰：《隋书》卷 81《高丽传》，北京：中华书局点校本 1973 年版，第 1816 页。

节”，不要为陈朝的灭亡而“叹恨”“悲伤”①，那么即使在作为高丽与国的陈朝灭亡的形势下，也不会遭到隋朝的惩罚；不但不会，反而会受到赏赐。其实在隋朝灭亡以前，隋王朝为了顺利地向江南进兵，不使高丽在辽西骚扰，以相牵制，必然笼络高丽。开皇元年（581 年），授高汤以“辽东郡公”“辽东王”“大将军”的封号②，就是例证。灭陈以后，对高丽的笼络已无必要，不但无必要，从高丽的拒绝称臣，并和我国北方边塞民族相联系，积极图谋自存等迹象来看，势必引起隋王朝的猜疑、戒备，以致发动大规模的讨伐战争。开皇十八年（598 年），高丽王高汤怂恿靺鞨之众万余向辽西骚扰，于是激起隋王朝以 30 万大军对高丽发动讨伐，但最后隋朝还是以大败而还。自此以后，高丽的拒绝称臣始终不渝，隋朝对高丽的戒备也始终不变。大业三年（607 年），炀帝在突厥启民可汗帐中见到高丽使者，于是对高丽的猜疑、戒备也变本加厉。隋炀帝大业四年（608 年），隋朝开凿通往涿郡（今北京西南）的永济渠，便是对高丽发动讨伐战争，以便为运兵北方做准备。从大业八年到十年（612—614 年），隋朝在全国范围内大规模地征发兵役，向高丽发动三次征伐，三次均大败而归，最后隋王朝也终于在农民起义的大风暴中土崩瓦解。

2. 隋朝对江南的戒备

隋朝对江南的戒备，与它灭陈后由于实行专制主义的严峻统治

① （唐）魏徵等撰：《隋书》卷 81《高丽传》，北京：中华书局点校本 1973 年版，第 1816 页。

② （唐）魏徵等撰：《隋书》卷 81《高丽传》，北京：中华书局点校本 1973 年版，第 1814 页。

而激起东南人民的激烈反抗有密切关系。

灭陈以前，隋朝对北方人民一方面禁用兵器，以防叛乱，另一方面以“大索貌阅”[①] 的措施来检定老、小，整顿户籍，以继承北朝系统的三长制、均田制，来严格控制户口，催驱赋役。

作为国家土地所有制均田制的实质，是国家佃农（包括自耕农）受国家政权统治奴役而缺乏人身自由的依附关系的强化，在这种关系下的生产者受到国家政权的剥削，除了田租和家庭手工业剩余产品外，最繁重的就是兵役、力役了。隋朝初年，中央政府规定每个成丁每年服役 20 日，其实国家根据实际需要而随意征发的徭役，远远超过规定的日子。这 20 日的徭役，只是除了实际需要征发的徭役以外的额外负担，收的和丁税（即调）一样，是家庭手工业的剩余产品如绢、布之类，来代替役的价值，当时叫“庸”。所以租、庸、调这三种赋税，实则是两种，租是一种，庸、调又是一种，并不包括兵役、力役。兵役、力役是当时国家佃农最惨重的一种负担。统一的隋王朝就是从广大的国家佃农中无休止地征收田租、庸调，征发兵役、力役，来维护王朝的威力，因而对国家佃农的控制自然十分严峻。只要不入国家户籍的自由自耕农的大量存在，均田制的兴而复衰，世族所有制的衰而复兴，都只是暂时的，所以到了隋文帝开皇五年（585 年）[②]，高颎置轻税之法，浮客再归于编户，均田制再复兴，世族所有制再衰落；到炀帝大业二年（606 年），户口之盛

① （唐）魏徵等撰：《隋书》卷 24《食货志》，北京：中华书局点校本 1973 年版，第 681 页。

② （宋）司马光编著，（元）胡三省音注：《资治通鉴》卷 176，陈长城公至德三年（585 年）五月条（北京：中华书局点校本 1956 年版，第 5481—5482 页）。按轻税之法，始于开皇五年。

遂为魏晋南北朝以来前所未有。

开皇九年（589年）平陈，南北宣告统一，隋文帝遂下诏“颁告天下”：“民间甲仗，悉皆除毁”[①]；同时对于新受隋朝控制的东南人民，也像开皇初年对待北方地区人民一样，进行严峻控制，控制不久后便激起东南地区人民的激烈反抗。《资治通鉴》开皇十年（590年）十一月条如此记载：

> 江表自东晋已来，刑法疏缓，世族陵驾寒门；平陈之后，牧民者尽更变之。苏威复作《五教》，使民无长幼悉诵之，士民怨嗟。……于是婺州汪文进，越州高智慧，苏州沈玄懀皆举兵反，自称天子，署置百官。……攻陷州县。陈之故境，大抵皆反，大者有众数万，小者数千，共相影响，执县令，或抽其肠，或脔其肉食之，曰：“更能使侬诵《五教》耶！”[②]

这条材料清楚地说明，东晋南朝时期，高门世族由于封建特权的强固存在，不但可以控制私家佃农，就是对于一般庶民也可任意凌驾，而偏安江左的割据政权却显得“刑法疏缓”；后来由于封建特权的削弱，江南高门世族为了确保自己的利益，也更需要一个统一的国家权力，所以平陈之后的杨隋政权，也就一反从前“刑法疏缓”的情况，对东南人民实行专制主义的统治，并且颁布《五教》，强迫百姓严格遵守。东南人民因不堪统治，遂相率起义。

---

① （宋）司马光编著，（元）胡三省音注：《资治通鉴》卷177，隋文帝开皇九年（589年）四月条，北京：中华书局点校本1956年版，第5521页。

② （宋）司马光编著，（元）胡三省音注：《资治通鉴》卷177，隋文帝开皇十年（590年）十一月条，北京：中华书局点校本1956年版，第5529—5530页。

开皇十年（590 年），东南人民的反隋斗争在隋王朝的血腥镇压下暂时失败了，但斗争的余波未曾平息。所谓“江南初平，物情尚扰”[①]，正反映了这一情景。而隋朝政权对东南人民的戒备丝毫没有放松，甚至连私造大船等，也要没收。隋炀帝大业元年（605 年）的开凿通济渠和邗沟，应当是这种戒备的继续；它的目的是，一旦东南起义便可由运河迅速运军镇压。

所以平陈以后，隋王朝对高丽和江南的戒备以及后来由戒备而凿运河、幸江都、三次讨伐高丽等，都和在封建特权相对削弱的条件下，受世族地主阶级意志支配的隋文帝、炀帝父子，为了确保专制主义中央集权国家的巩固有必然联系，决不像隋炀帝自己在诗歌中说的“我梦江南好，征辽亦偶然”[②]，似乎是出于突然或偶然！

（五）沟通南北的大运河

隋炀帝大业年间开凿的运河，对于促进后世南北经济文化的交流、发展，无疑是起着重大的作用的。运河的开凿，是在当时特定历史条件下所形成的社会生产发展形势的一个必然。开凿的目的，除了永济渠是用以运输军队于涿郡，准备讨伐高丽外，主要是在当时的特定历史条件下，受世族地主阶级意志的共同支配，迫切地要对全国人民进行严峻的统治和残酷的剥削，使运河成为一条足以巩固统治的政治命脉。正因为开河的目的是为了亟亟统治人民、剥削

---

① （唐）魏徵等撰：《隋书》卷 63《刘权传》，北京：中华书局点校本 1973 年版，第 1504 页。

② （宋）司马光编著，（元）胡三省音注：《资治通鉴》卷 183，隋炀帝大业十二年（616 年）七月条，北京：中华书局点校本 1956 年版，第 5705 页。

人民，所以隋代在开河的过程中已充分暴露出专制君主政治的真实面目，“天下死于役，而家伤于财”[①]，给劳动人民带来了严重的灾难；阶级矛盾急剧尖锐，终于导致后来以反徭役为主要目标的隋末农民大起义。所以隋代大运河的开凿，尽管客观上符合历史发展形势，促进了后世南北经济、文化的交流和发展，但是这个伟大的功绩应当主要归于人民，这不仅因为运河是劳动人民用鲜血和生命开凿出来的，而且为开运河提供的客观发展形势，也是长期以来通过人民的阶级斗争才形成的。隋炀帝的开河，对当时来说只是成为万民吁嗟的苛政罢了！

沟通南北的运河，并非都是新开凿，除了江南运河外，其他各条都只是就原有的河渠加以疏浚加宽和联系而已。通济渠和邗沟完成于隋炀帝大业元年（605 年）。大业元年，征发河淮之间的百姓百余万开通济渠，先从洛阳的西苑引谷水、洛水到黄河，再从汜水东北 35 里的板渚引河水经汴州入汴水，沿汴水东南流经夏邑、永城、宿县直达淮安（山阳）而入于淮，短短不过半年，就全部完成。当时开凿运河及营建东都的丁壮，因为“役使促迫”，往往僵仆而毙，“每月载死丁，东至城皋，北至河阳，车相望于道”[②]，役使的残暴，旷古未见。同年，又征发淮南百姓十余万开邗沟故道，从淮安引淮水到扬子入江，又称山阳渎；山阳渎春秋末年吴王夫差已经开凿，年久淤塞，至此重新疏浚。永济渠开于大业四年（608 年），引沁水

① （唐）魏徵等撰：《隋书》卷 24《食货志》，北京：中华书局点校本 1973 年版，第 672 页。

② （唐）魏徵等撰：《隋书》卷 24《食货志》，北京：中华书局点校本 1973 年版，第 686 页。

下游和卫河的支流丹水相连接，沁水是黄河的一条支流，这样就等于引黄河入卫河；然后沿卫河东北流经内黄、大名、临清、德州、沧州、天津，入白沟，直达涿郡。开通济渠征发河北男女达百余万，“丁男不供，始役妇人”①。大业六年（610年）又开江南河，自京口（今江苏镇江京口区）到余杭（今杭州），长八百余里，广十余丈，与邗沟相衔接。

这样短短几年之内，隋代以洛阳为中心，北通涿郡、南达余杭的运河终于开凿完成了。

当通济渠和邗沟的开凿一经结束，隋炀帝便在大业元年（605年）八月率领后宫百官游幸江都。从当时游幸的人数之多来看，可谓是一次极尽骄奢的王家游乐，但仔细看看下面一段记载，又何尝不是一次声势赫赫耀武江南的军事示威！

> ……又有平乘、青龙、艨艟……数千艘，并十二卫兵乘之，并载兵器帐幕……舳舻相接二百余里，照耀川陆，骑兵翊两岸而行，旌旗蔽野。所过州县，五百里内皆令献食，多者一州至百轝，极水陆珍奇，后宫厌饫，将发之际，多弃埋之。②

---

① （宋）司马光编著，（元）胡三省音注：《资治通鉴》卷181，隋炀帝大业四年（608年）正月条，北京：中华书局点校本1956年版，第5636页。

② （宋）司马光编著，（元）胡三省音注：《资治通鉴》卷180，隋炀帝大业元年（605年）八月条，北京：中华书局点校本1956年版，第5621页。

二、隋末农民大起义及其历史作用

从北魏到隋末百余年间，不论局部的或具有全国规模的农民起义层出无穷，每经过一次起义，总有部分的自由自耕农在国家薄税轻赋的招诱下变为国家编户。

（一）隋王朝的残暴统治，繁重的徭役、兵役

隋朝的统一，是在私家佃农人身依附关系开始减轻的历史条件下形成的，那么，统一以后而出现的中央集权政权，只能标志着将对全国百姓实行专制主义的残暴统治了。

隋王朝的一切措施，表面上看，好像出于君主一人的意志，而其实却受地主阶级意志的支配，这只要看看隋文帝登位后，所有典章制度无不出于高门世族代表，如渤海高颎、京兆苏威等人之手，便可明白。统一后的隋王朝，为了加强对内的统治，发动对外的开拓，对受它控制的大量国家佃农，不但进行租税的剥削，来豢养大小官僚及军队，而且征发繁重的力役、兵役，营造各种规模巨大的工程和发动对外的战争。隋王朝正是通过对内的统治和对外的战争

来巩固和扩大自己的权力的。而这一权力，正是那些对私家佃农已经不能进行严峻控制，但却依然进行残酷剥削的高门世族所迫切需要的。

繁重的力役、兵役，是隋王朝榨取民力的主要途径。隋炀帝在开凿运河的同时，征调200万人营建东都，目的是要把从山东、江淮剥削来的租庸调物集中于东都，以洛阳为统治人民的政治中心，以运河为统治人民的政治命脉，来显示出专制主义中央集权帝国的无上淫威。随着对内控制的加强，隋朝再次发动对高丽的战争，征调士兵达110余万，运送粮秣的民夫更达200余万。山东百姓征调到东莱海口造战船的，由于昼夜立水中，不得休息，自腰部以下皆生蛆。由于军需的紧急，河淮江南的百姓往还道路的，常数十万，以致“死者相枕，臭秽盈路”①。没有被征调的，“人皆断手足，以避征役”②，而且将这种“自折支体”“谓之‘福手’、‘福足’”③。在这样惨绝人寰的奴役下，终于在隋炀帝大业七年（611年）揭开了农民大起义的序幕。

（二）王薄、窦建德领导的反隋农民大起义

隋朝以前，由于社会生产力的低下，国家政权对于国家佃农的剥削，主要是徭役。统一南北的隋王朝，为了显示它的专制主义的

① （宋）司马光编著，（元）胡三省音注：《资治通鉴》卷181，隋炀帝大业七年（611年）九月条，北京：中华书局点校本1956年版，第5654页。

② （宋）司马光编著，（元）胡三省音注：《资治通鉴》卷197，唐太宗贞观十八年（644年）十二月条，北京：中华书局点校本1956年版，第6216页。

③ （宋）司马光编著，（元）胡三省音注：《资治通鉴》卷196，唐太宗贞观十六年（642年）七月条，北京：中华书局点校本1956年版，第6176页。

淫威，徭役的征发更加残酷。所以隋末农民起义的一个主要特色，也和秦末以来的所有农民起义一样，是反对封建徭役，争取生存权利。繁重的力役、兵役已使“百姓失业，道殣相望”[①]，而现今的山东、河南、河北交界的地区又是当时力役、兵役最繁重的所在地。隋炀帝大业七年（611 年），山东、河南、河北地区水涝频仍，州县大半漂没，百姓吃的是树皮、树叶，而军旅的征调急如星火，百姓求生不得，山东邹平王薄于是在长白山首先发难，并以“《无向辽东浪死歌》以相感劝，避征役者多往归之”[②]，响应者所在蜂起。平原（今山东平原）刘霸道起兵豆子𬠀，漳南（今山东恩县）窦建德起兵高鸡泊；至于其他小股起义，则不可胜数。

从隋炀帝大业八年（612 年）到大业十年（614 年），隋王朝三次讨伐高丽，三次均大败，每次出兵，由于大规模的征调和战争的不得人心，都加速了农民起义的发展，而农民起义的发展又加速了讨伐战争的失败。大业八年（612 年），隋炀帝第一次亲自出征，失败了；大业九年（613 年），他再亲临前线，发动第二次征伐，兵未交战，在黎阳（今河南浚县）督运粮秣的贵族杨玄感起兵反隋的消息传到前线，隋炀帝仓皇退兵，高丽乘机追击，再次大败。这时响应杨玄感起兵的，风起云涌，其中规模较大的，江南有刘元进的起兵，“三吴苦役者莫不响至，旬月众至数万”[③]；有朱燮的起兵，“民

① （唐）魏徵等撰：《隋书》卷 22《五行志》，北京：中华书局点校本 1973 年版，第 636 页。

② （宋）司马光编著，（元）胡三省音注：《资治通鉴》卷 181，隋炀帝大业七年（611 年）十二月条，北京：中华书局点校本 1956 年版，第 5656 页。

③ （唐）魏徵等撰：《隋书》卷 70《刘元进传》，北京：中华书局点校本 1973 年版，第 1623 页。

苦役者赴之如归”[①]；在河南商丘一带有韩相国的起兵，“旬月间众十余万，攻剽郡县”[②]。杨玄感的起兵，虽说是隋王朝内部矛盾的爆发，而且迅速被镇压，但却助长了农民起义声势的高涨。残暴成性的隋炀帝以为杨玄感一呼，天下从风，是由于人太多，只有多杀人，才能使未造反者不敢造反，于是疯狂屠杀百姓。就在这年冬天，山东长白山一带起义军被迫向江淮南移。大业十年（614 年），隋炀帝第三次亲征高丽，征调天下丁壮，会集涿郡，但“士卒在道，亡者相继”[③]，最后只得狼狈而还。这时农民起义的烈火已如燎原之势，燃遍南北。

自大业十年（614 年），最后一次征伐高丽失败后，作为隋王朝精锐的军队，主要有三支：一支由张须陀率领，分布在山东齐郡；一支由杨善会率领，分布在临济以西、清河以东；一支由薛世雄率领，分布在涿郡、河间一带。这时山东各支义军在张须陀的屠杀下大多向江淮移动，终于在大业十二年（616 年）汇合成为以辅公祏等为首屯兵六合的一支声势浩大的起义军，严重威胁着隋王朝在江淮的统治，迫使隋炀帝亲自率领禁军到江都镇压。王薄一支，在隋军的追击下，联合张金称、高士达等各支义军，转战河北、山东，最后在平原高鸡泊和窦建德这支义军会合，并受窦建德统率，胜兵十余万，威震河北。大业十二年（616 年），由翟让率领的河南滑县瓦

① （宋）司马光编著，（元）胡三省音注：《资治通鉴》卷 182，隋炀帝大业九年（613 年）八月条，北京：中华书局点校本 1956 年版，第 5683 页。

② （宋）司马光编著，（元）胡三省音注：《资治通鉴》卷 182，隋炀帝大业九年（613 年）八月条，北京：中华书局点校本 1956 年版，第 5682 页。

③ （宋）司马光编著，（元）胡三省音注：《资治通鉴》卷 182，隋炀帝大业十年（614 年）三月条，北京：中华书局点校本 1956 年版，第 5690 页。

岗寨军，异军突起，一举歼灭了隋王朝张须陀的劲旅，张须陀战死，“河南郡县为之丧气”①。这样，瓦岗军遂成为中原地区农民军的一支主要力量。大业十三年（617 年），窦建德在河北大破隋将薛世雄、杨善会两支劲旅后，河北郡县望风而降。隋王朝就在这几支农民军的层叠打击下，摇摇欲坠；到大业十四年（618 年），坐镇江都的隋炀帝为宇文化及所杀，隋王朝遂土崩瓦解。

隋王朝的覆灭，足以体现隋末农民起义力量的巨大和它在中国历史上的伟大作用。因为隋末农民起义不仅推翻了隋王朝，而且给南北朝以来在农民起义浪潮中受到不断打击的世族地主再次以致命的打击，使一所所带有独立性的世族地主庄园遭到毁灭，使私家佃农的人身依附关系相应地有所减轻，从而促进唐代社会生产的发展。

当隋末农民军和隋王朝激烈斗争之际，北方的官僚大族也纷纷组织地主武装，勾结突厥，割据称雄，出身关陇豪右的李渊、李世民父子起兵晋阳时，为了获得广大人民的拥护，也以反隋相号召，组织武装，与突厥合纵并力，进兵关中，占领长安，在关陇豪右的一致拥戴下，于武德元年（618 年），建立政权，国号曰唐，并和其他割据势力相角逐。同年，唐军斩薛仁杲于金城；武德二年（619 年），灭李轨于武威；武德三年（620 年），刘武周弃并州投奔突厥；武德四年（621 年），隋军留守东都的王世充残部彻底溃灭，窦建德被擒；与此同时，唐军又出兵江陵，平定梁室后裔萧铣，乃以全力镇压河北和江南的农民军。武德七年（624 年），辅公祏被擒，震威

① （宋）司马光编著，（元）胡三省音注：《资治通鉴》卷 183，隋炀帝大业十二年（616 年）十月条，北京：中华书局点校本 1956 年版，第 5711 页。

南北的隋末农民大起义，也终于因为历史和阶级的局限，和历史上其他农民起义一样，以失败告终，但隋末农民大起义的余波久未平息！

在隋末农民起义的风暴中，出现过不少杰出的能真正代表农民阶级意志的领袖，如窦建德、辅公祏和窦建德的部将刘黑闼等，他们不但在反隋斗争中始终率领农民军血战到底，推翻了隋王朝，而且在新王朝建立后，也不受官爵俸禄的诱惑，坚贞不屈，继续战斗，在历史发展的进程中起了巨大的推动作用。他们的崇高革命精神，与因受新王朝官爵俸禄的诱惑而终于出卖革命的投降派相比，正好是一个鲜明的对照。当时篡夺瓦岗寨农民军领导权的李密，篡夺江淮农民军领导权的杜伏威、李子通等，就是几个著名的投降派。李密在到长安去向唐王朝投降的途中，曾得意忘形地对人说："我有众百万"，"山东连城数百，知吾至此，遣使招之，尽当归国"。① 李子通到了长安，当了叛徒，感到俸禄有限，对和他一同当了叛徒的乐伯通说"江东未定，我往收旧兵，可以立大功"②。两个叛徒都想为新王朝去招安他们的部下，以受到更多的赏赐，但其实当他们成了叛徒以后，山东和江淮的农民军依然坚韧不拔，与唐王朝相抗衡，推动着历史的前进。他们的话只是把自己的叛徒面目刻画得惟妙惟肖而已！

---

① （后晋）刘昫等撰：《旧唐书》卷53《李密传》，北京：中华书局点校本1975年版，第2223页。

② （宋）司马光编著，（元）胡三省音注：《资治通鉴》卷190，唐高祖武德五年（622年）七月条，北京：中华书局点校本1956年版，第5952页。

（三）隋末农民大起义在历史上的作用

经过隋末农民大起义后，到了唐高祖武德年间（618—626 年），全国户数由隋大业五年（609 年）的 890 余万骤然减少为 200 万。高宗永徽元年（650 年），唐王朝建国已 30 余年，而全国户数尚为 385 万，和隋代大业年间（605—618 年）比，尚少 500 余万，唐太宗贞观十一年（637 年），全国户数“比于隋时才十分之一”①。所以“户口减耗”②，“户口未复”③，已成为唐初君臣之间的一种告诫。唐初户口的骤然减少，如果说是由于隋末的频年战争而引起人口的大量死亡，但决不是主要的原因，主要的原因是广大农民在大规模农民起义陷于失败后，依然相聚于山林川泽之间，自成邑落，与新王朝相抗衡，不受国家检括，成为国家编户。试就崤山以东、黄河南北的山东（当时也称河北）而论，自窦建德、刘黑闼相继牺牲后，秦王李世民为了和他的弟兄建成、元吉争夺政权，派遣他的心腹张亮到洛阳“阴结纳山东豪杰以俟变，多出金帛，恣其所用”④。所谓“山东豪杰”，就是隋末山东农民军的大小领袖，当时受李世民招安的，

---

① （后晋）刘昫等撰：《旧唐书》卷 74《马周传》，北京：中华书局点校本 1975 年版，第 2615 页。

② （宋）王钦若等撰：《册府元龟》卷 486《邦计部 · 户籍》，北京：中华书局影印本 1960 年版，第 5809 页。

③ （宋）司马光编著，（元）胡三省音注：《资治通鉴》卷 194，唐太宗贞观六年（632 年）正月条，北京：中华书局点校本 1956 年版，第 6094 页。

④ （宋）司马光编著，（元）胡三省音注：《资治通鉴》卷 191，唐高祖武德九年（626 年）六月条，北京：中华书局点校本 1956 年版，第 6004 页。

自然是出卖革命的叛徒，“秦王左右皆山东人”[1]，可见当时受招安的叛徒确实不少。但既有受招安的，也一定有未受招安而坚贞不屈、斗争到底的革命者。所以当李世民击败建成、元吉，攫取政权、登上君主宝座的消息传到山东后，山东州县“曹伏思乱”[2]。唐太宗李世民为了防患于未然，虽曾安抚河北[3]，但对河北人民总怀着恐惧的心理，甚至不敢在河北设置府兵，唯恐河北人民因府兵而图谋不轨。

再就江淮岭南而论，自从大规模的农民起义风暴过去后，起义余波尚未平息。唐高祖武德四年（621年），唐王朝“以南方寇盗尚多”[4]，特地设置淮南道和岭南道两行军总管来镇抚百姓。镇抚的结果却使密布山洞的自歙州（今安徽歙县）至循州（今广东惠阳东）一带的农民军，以山洞为堡垒，继续抗击唐代军队。唐高宗永徽四年（653年），震撼东南的睦州女子陈硕真的起义，实是隋末江淮农民起义的延续。这些历史迹象都有力地表明唐初户口之所以骤减，是由于隋末农民大起义平息后，农民武装并没有完全解除，参加起义行列的农民军大部分没有甘受招安，套上封建枷锁，变为国家编

---

① （宋）欧阳修、宋祁撰：《新唐书》卷79《隐太子建成传》，北京：中华书局点校本1975年版，第3543页。

② （宋）欧阳修、宋祁撰：《新唐书》卷97《魏徵传》，北京：中华书局点校本1975年版，第3868页。

③ （后晋）刘昫等撰《旧唐书》卷71《魏徵传》（北京：中华书局点校本1975年版，第2546—2547页）：“太宗素器之，引为詹事主簿。及践祚，擢拜谏议大夫，封钜鹿县男，使安缉河北，许以便宜从事。”

④ （宋）司马光编著，（元）胡三省音注：《资治通鉴》卷189，唐高祖武德四年（621年）八月条，北京：中华书局点校本1956年版，第6157页。

户，而是“王役不供，簿籍不挂，或出入关防，或往来山泽”[1]。唐王朝要把他们从“逃户”“浮户”的身份全部检括出来，变为编户，在当时“百姓强而凌官吏”[2]的情势下，很不容易，只有随着国家政权的不断强化，才能逐步地检括出来。这些不受封建统治与奴役的农民的大量存在，正有力地推动着社会生产的发展，体现出隋末农民起义的伟大作用。

隋末农民起义的又一伟大作用，是给南北朝以来的高门大族以毁灭性的打击。高门大族自南北朝以来，因为经过农民起义的叠层打击，已经开始衰落，生产者的人身依附关系已相对减轻。经过隋末农民大起义，自然更促进高门世族的衰落和人身依附关系的相对减轻，而人身依附关系的相对减轻，对唐代社会生产的发展起着重要的作用。

马克思说过：

> 在资产阶级社会的发展中，司法权与行政权会和土地所有权相分离，而在封建时代，它们却是土地所有权的属性。[3]

像这种作为封建社会土地所有权属性的司法权与行政权，其实也正是封建主的封建特权。等到这种特权一旦脱离土地所有权以后，土地所有权也便取得纯粹的经济形态而成为资本主义的土地所有权

① （宋）王钦若等撰：《册府元龟》卷486《邦计部·户籍》，北京：中华书局影印本1960年版，第5809页。

② （宋）司马光编著，（元）胡三省音注：《资治通鉴》卷195，唐太宗贞观十四年（640年）十月条，北京：中华书局点校本1956年版，第5927页。

③ 马克思著，郭大力、王亚南译：《资本论》第3卷，北京：人民出版社1966年版，第442页。

了。那时分割性的封建特权既然完全消失，国家权力也必然极端强化，对封建社会来说，封建特权虽然和封建社会相始终，但随着人身依附关系的减轻，却在徐徐削弱，国家权力也在徐徐强化。在中国封建社会里，正是诸如隋末农民大起义，才真正体现出封建特权的开始削弱、国家权力的开始强化和人身依附关系的相对减轻这一伟大作用。

如果说，唐代以前，由于生产力的低下，地租的主要形式是劳役地租；那么，唐代以后，由于生产力的逐步发展，却正在逐步地让位给实物地租了。马克思关于封建社会内实物地租和劳役地租的区别，有过极其精辟的论述，他强调实物地租：

> 和前一个形式（指劳役地租——引者）要由如下一点来互相区别：剩余劳动已不复在它的自然形态上，也不复在地主或他的代表人的直接监督和强制下进行。驱使直接生产者的东西已经是各种关系本身的力量，而不是直接的强制，是法律的规定，而不是鞭子。他已经是由他自己负责来进行这种剩余劳动了。[①]

马克思同时指出，实物地租“和劳动地租相比，宁可说生产者已经有了更大的活动范围，可以获得时间来从事剩余劳动”[②]。中国历史进入隋唐以后，劳役地租在地租的总的收入中，虽说还占相当大的比重，但作为地租主要形式的已是实物地租，而不是劳役地租

① 马克思著，郭大力、王亚南译：《资本论》第3卷，北京：人民出版社1966年版，第929页。

② 马克思著，郭大力、王亚南译：《资本论》第3卷，北京：人民出版社1966年版，第930页。

了。实物地租之所以取代劳役地租而成为地租的主要形式，归根结底，则是在长期农民起义的推动下，由于生产者人身依附关系的相对松弛而引起劳动生产率的提高；由于劳动生产率的提高，封建剥削率也随之增长，剥削者除了攫取更多的剩余劳动，必然渐渐地以实物地租取代劳役地租，使之成为地租的主要形式。历史已充分证明，在整个阶级社会里，获得生产力发展利益的总是剥削阶级，而不是被剥削阶级。唐代以后，农民的人身依附关系是相对减轻了，但是封建剥削率却相应增长了；高门大族的封建特权是相应削弱了，但是代表高门大族意志对全国农民实行专制主义严峻统治的国家权力却日益强化了。封建经济空前繁荣了，但是创造社会财富的农民、手工业者的命运却更加悲惨了。“生产的每一进步，同时也就是被压迫阶级即大多数人的生活状况的一个退步。”[①] 唐代封建经济繁荣的过程，正是社会矛盾激化的过程。

隋末农民大起义，使隋朝倾覆了，而形成中央集权的历史条件依然存在，所以继起的也依然是以中央集权政权为形式的唐王朝。隋与高丽的决战失败了，昔年作为吐谷浑影子的吐蕃，至此已雄霸西域，觊觎四镇，高丽与吐蕃的遥相呼应，宛如昔年与吐谷浑的呼应。[②] 这样，唐与高丽的决战也作为隋史余波而继续了。

探索隋史，决不能从王朝开国的那一年开始，贵能追本溯源，探索出它的起点。起点探索清楚了，任何现象都迎刃而解。因为任

① 恩格斯：《家庭、私有制和国家的起源：就路易斯·亨·摩尔根的研究成果而作》，《马克思恩格斯全集》第 21 卷，北京：人民出版社 1965 年版，第 201 页。

② 金宝祥：《吐蕃的形成、发展及其和唐的关系》，《西北史地》1985 年第 1、2 期。该文收入魏明孔、杨秀清编选《陇上学人文存·金宝祥卷》，兰州：甘肃人民出版社 2012 年版，第 281—311 页。

何现象都包含着作为规律的同一。[①] 所以私家佃农人身依附关系的开始减轻，体现了世族地主所有制的开始变革，变革的标志是作为国家所有制的均田制的出现，均田制的出现，既标志着国家权力的强化，也标志着国家佃农人身依附关系的强化，从而使国家佃农相率逃亡，流入私家，使国家政权和国家佃农的对立统一随之破裂，均田制随之毁废。从北魏末到隋末，两度农民起义，均田制两度毁兴，世族所有制两度兴衰。因此，北魏太和（477—499 年）以后，私家佃农的人身依附关系开始减轻了，这个减轻随着世族所有制的复兴，强化了，又随着世族所有制的衰飒，减轻了，显现出不甚稳定。但是，私家佃农人身依附关系的开始减轻是历史的主流。

① 列宁：《哲学笔记》，北京：人民出版社 1961 年版，第 159 页。

三、唐代中叶以前的土地所有制和封建经济的繁荣

（一）唐代中叶以前的土地所有制

封建社会的基本矛盾，是农民阶级和地主阶级的矛盾。这一矛盾是决定于丧失主要生产资料（即土地）的农民只能租种地主所掌有的土地，为地主提供剩余劳动这样一种生产资料的分配关系。在这种生产资料分配关系下，地主为了保证对剩余劳动的榨取，必须将农民当作土地的附属品强固地束缚于土地之上，用以对农民进行残酷的统治、奴役和剥削。所以封建土地所有制的基本内容，实是农民受地主的统治奴役而缺乏人身自由的依附关系，换言之，是“人身当作土地的附属物定牢在土地上面的制度”①。像这样由生产资料和劳动者相结合的一定形式，也就是生产资料的一定的分配关系，说到底，是两大相对抗的农民阶级和地主阶级的矛盾。因此，就封

① 马克思著，郭大力、王亚南译：《资本论》第 3 卷，北京：人民出版社 1966 年版，第 924 页。

建社会的基本矛盾来看封建土地所有制的主要形式，只能是封建主的土地所有制，而不是其他。诚然，和封建主土地所有制并存的国家土地所有制，虽然也是封建土地所有制的形式之一，但却不是主要的。

中国历史上，封建国有土地的出现是以私有土地的存在为前提的，封建主为了维护自己的土地所有权，才在土地私有制的基础上组织政权，把一些未经开辟的草莱之地和无主荒田作为公田，以公田的收入作为国家用度的一个来源，因此，只有先有封建主的私有土地，才有封建的国有土地。同样，作为国有土地所有制形式的国家土地所有制，也自然以封建主的土地所有制为前提，只有先有封建主的土地所有制，才有封建的国家土地所有制。而且不论国家土地所有制和封建主的土地所有制，实则都是为封建主的利益服务的国家政权所借以建立的经济基础，国家政权所代表的阶级既然是封建地主，那么，国家土地所有制的本质不啻是一种在隐蔽形式下的封建主的土地所有制。

唐代安史之乱前继承北朝系统的均田制，正是国家土地所有制的形式之一，与均田制并存的，则是世族地主所有制。世族地主所有制经过南北朝和隋末连绵不绝的农民大起义叠层打击，到了唐代初期虽说已经衰落，但在新兴庶族地主尚未形成一个足以参与政权的力量以前，把持国家政权的依然是高门世族。国有土地在数量上尽管超过了高门世族的土地，但只要当世族地主在经济上、政治上的优势尚未瓦解以前，世族地主所有制毕竟是当时主要的土地所有制，作为国家土地所有制的均田制，也始终只是从属于世族地主所有制的一种所有制形式，不可能作为主要的土地所有制。这一情形，北朝如此，隋唐也如此。

从北魏孝文帝到隋唐，在农民起义的影响下，世族的封建特权已开始削弱，作为世族地主所有制主要特色的私家佃农的人身依附关系的强化也相对减轻。私家佃农人身依附关系的相对减轻，是北朝隋唐历史的起点，不少重大历史问题都从这一起点推演出来，作为北朝隋唐的国家土地所有制的均田制也不能例外。北魏中叶以后，私家佃农人身依附关系的开始减轻，必将导致国家佃农人身依附关系的强化。这是因为在长期的农民起义中，遭到沉重打击的那些世族之家由于本身势力被削弱，不但无力荫庇隐户，就是原来被荫庇的也纷纷脱离荫庇，变为国家的编户。每多打击一个世族之家，就必然缺少一个荫庇势力。高门世族由于封建特权的削弱，必然要求强化国家权力，而强化的途径必然要求严峻地控制国家佃农，借以征敛繁重的租、调来豢养官僚、扩充官僚，征发繁重的兵役来组织军队、扩充军队；再以官僚、军队来实现国家权力，对全国农民实行有力的统治。因此，国家佃农对国家政权依附关系的强化，正是均田制的实质。由于国家政权加强对国家佃农的奴役、剥削，必然导致国家佃农的逃亡，均田制不得不暂时瓦解，阶级矛盾继续尖锐，由根本矛盾以及为根本矛盾所规定的国家政权和国家佃农的矛盾而爆发的起义斗争继续产生。在起义斗争中，高门世族依然遭到打击，为高门世族所荫庇的隐户依然陆续脱离羁绊，受国家的检括，为国家的编户。国家佃农对国家政权的人身依附关系必定依然强化，均田制也必然毁而复兴。作为国家土地所有制形式之一的均田制，是北魏中叶以后随着世族地主所有制的开始变革而出现的，因此，只要高门世族的势力没有消灭，广大农民和高门世族的斗争就不会消失，依附农民脱离高门世族的羁绊也不会停止，均田制也就不可能彻底瓦解。

武德四年（621年），李渊、李世民父子的政权已基本取得全国范围内的胜利，于是“诏括天下户口”[①]，就是要把从高门世族羁绊下分离出来的农民重新套上封建枷锁，变为国家编户，给以严峻的控制，使生产者的人身依附关系显得分外强化。因此，以国家佃农人身依附关系强化为特色的均田制——不论北朝、隋、唐——决不能以均田令为依据，而应当在均田令颁布以前，随着阶级斗争的进展，已经局部地出现了，唐高祖武德七年（624年）颁布的“均田、租、庸、调法”[②]，规定一个成年丁男，受口分田八十亩，永业田二十亩，笃疾废疾受口分田四十亩，寡妻妾受口分田三十亩，黄口、小男、中男受口分田三十亩，永业田二十亩，永业田身死承户者授之。[③] 这种授田细则其实只是官样文章，因为从现有唐代敦煌户籍残卷来看，政府只是把每户原有的土地用口分、永业加以重新划分而已，根本谈不上什么授田。所以唐高祖武德七年（624年）的均田令，也与北魏太和（477—499年）以后的均田令一样，只是在均田制这种所有制关系上，以均给天下民田为幌子，企图把自耕农或受国家公田的农民都以国家佃农的身份，加以严峻地控制起来，借以剥削其剩余劳动的一种措施。

① （宋）司马光编著，（元）胡三省音注：《资治通鉴》卷189，唐高祖武德四年（621年）九月条，北京：中华书局点校本1956年版，第5929页。

② （宋）司马光编著，（元）胡三省音注：《资治通鉴》卷190，唐高祖武德七年（624年）四月条，北京：中华书局点校本1956年版，第5982页。

③ （宋）司马光编著，（元）胡三省音注：《资治通鉴》卷190，唐高祖武德七年（624年）四月条，北京：中华书局点校本1956年版，第5982页。

唐王朝对国家佃农的剥削也和隋王朝一样，不限于租庸调，除了租庸调外，还有繁重的兵役、力役。唐代中叶以前，凡是轮流宿卫京师的府兵和防守边境的边兵都征自农民，戍边、宿卫都是农民为国家承担的兵役。因为同是兵役，所以府兵、边兵的衣、粮等都由自己负担，府兵无事时，要耕于田间，边兵在沿边，也要屯田积谷以自养，国家无养兵之费。国家佃农为国家担负兵役，正表明国家佃农对国家政权的人身依附关系还很强化。国家佃农人身依附关系的强化，不仅表现于繁重的兵役，而且还表现于繁重的力役。唐太宗贞观（627—649 年）时，“供官徭役，道路相继，兄去弟还，首尾不绝”[①]。百姓为避免徭役、兵役，往往“蒸熨手足”[②]，“自折支体，谓之‘福手’、‘福足’”[③]。繁重的兵役、力役不但使生产者不能有较多的活动余地，而且使生产者的家庭也往往陷于困境。贞观初年，吏部尚书戴胄说的“乱离甫尔，户口单弱，一人就役，举家便废，入军者督其戎仗，从役者责其糇粮，尽室经营，多不能济”[④]，正是当时的实际情形。和隋王朝一样，唐王朝为了尽情征发兵役、力役，对于户口的控制也十分严峻。以“每岁团貌”的措施，来检定户口的老小，以继承北朝系统的三长制，来“按比户口，课

① （后晋）刘昫等撰：《旧唐书》卷 74《马周传》，北京：中华书局点校本 1975 年版，第 2615 页。

② （清）董诰等编：《全唐文》卷 378，李泌：《议复府兵》，上海：上海古籍出版社影印本 1990 年版，第 1699 页。

③ （宋）司马光编著，（元）胡三省音注：《资治通鉴》卷 196，唐太宗贞观十六年（642 年）七月条，北京：中华书局点校本 1956 年版，第 6176 页。

④ （后晋）刘昫等撰：《旧唐书》卷 70《戴胄传》，北京：中华书局点校本 1975 年版，第 2534 页。

植农桑，检察非违，催驱赋役"[①]。尤其是唐代的法令，对于户口的成丁、入老颇为注意，成丁从课役、入老则免，但免役与否必须经过"团貌"。所谓团貌，就是以五百家或三百家为一团来进行貌阅的意思。"疑有奸欺者，听随事貌定，以付手实。"[②] 作为国家佃农的均田户须受国家政权每岁的团貌，亦可想见其人身的不自由和依附关系的强化了。

当然，远在魏晋时期，随着私家佃农人身依附关系的普遍强化，国家佃农人身依附关系也随之强化了。只是到了隋唐，随着统一国家的出现，唐朝政府为了发动大规模的营造工程，为了加强对内的统治、对外的开拓，为了发挥中央集权的威力，对于兵役、力役的征发显得更加迫切，对于国家佃农的奴役也显得更加严厉，因而国家佃农的人身依附关系也显得更加强化。而国家佃农人身依附关系的强化，正是隋唐均田制的一个重要内容；均田制的瓦解，不仅是土地兼并或地主所有制发展的一个过程，同时也是国家佃农经过长期斗争以反抗繁重的力役、兵役，使人身依附关系得以减轻的一个过程。中唐以后，随着均田制的瓦解，国家佃农所负担的兵役已经消失，力役虽然继续存在，但却不像从前那样无限制地征发，以钱雇役的事已局部出现[③]，国家佃农的人身依附关系显然有所减轻。

---

① （唐）杜佑撰：《通典》卷 3《食货典》三，北京：中华书局影印本 1984 年版，第 23 页。

② （宋）王溥撰：《唐会要》卷 85《团貌》，上海：上海古籍出版社点校本 2012 年版，第 1843 页。

③ （宋）欧阳修、宋祁撰《新唐书》卷 145《严郢传》（北京：中华书局点校本 1975 年版，第 4728 页）："合府县共之，计一农岁钱九万六千，米月七斛二斗，大抵岁僦丁三百，钱二千八百八十万，米二千一百六十斛。"

应当指出：中唐以后，均田制虽说是瓦解了，国有土地在数量上已经不及私家土地之多了，但国家土地所有制的形式，由于国有土地的存在，却并未消失；这一国家土地所有制之不同于中唐以前的均田制便在于人身依附关系的减轻。所以均田制的瓦解，标志着国家佃农人身依附关系的减轻，而建立于均田制基础之上的府兵制的瓦解，由于国家佃农的解脱兵役，实则也正是国家佃农人身依附关系减轻的标志之一。

从北魏中叶到唐代中叶，国家佃农的人身依附关系由强化而减轻的过程，是以私家佃农人身依附关系由强化而减轻的过程，是以私家佃农人身依附关系的相对减轻为前提的。这一过程的完成，标志着高门世族在经济上、政治上的统治地位已为庶族商贾地主所取代，均田制已彻底毁废，中国历史又开始进入一个新的历史阶段了。

私家佃农人身依附关系的相对减轻，是北魏中叶到唐代中叶这段历史的一个重要特色。私家佃农人身依附关系的相对减轻，必然导致劳动生产率的提高和封建经济领域内商品生产的活跃，遂使出身庶族的商贾地主有可能以积累较多的资本来收购土地，土地兼并开始激烈，丧失土地的均田户（包括自耕农）也开始沦为客户。这一现象到了唐高宗、武则天时期已很明显。《新唐书·食货志》记载："初，永徽中（650—655 年），禁买卖世业、口分田。其后豪富兼并，贫者失业。"[①]《新唐书·李杰传》记载，神龙（705—707 年）

① （宋）欧阳修、宋祁撰：《新唐书》卷 51《食货志》一，北京：中华书局点校本 1975 年版，第 1345 页。

初李杰“以采访使行山南，时户口逋荡，细弱下户，为豪力所兼”[①]。当时不但均田户的口分、世业之田在被兼并，就是高门世族之家，由于商业资本和高利贷资本对他们的庄园经济的腐蚀兼并，也在日益衰微，以至于“卖昏求财，汩丧廉耻”[②]。唐玄宗开元天宝之际，随着土地兼并的日益激烈，庶族地主所有制最主要的特色是生产者即客户的人身依附关系的相对减轻。生产者人身依附关系由强化而减轻，正是世族地主所有制向庶族地主所有制转化的一个过程。这一过程开始于南北朝之末，而完成于唐玄宗开元天宝之际。

唐玄宗开元天宝之际，足以反映生产者人身依附关系相对减轻的，有下面几件事情。

第一是唐玄宗开元九年（721 年）监察御史宇文融的检括客户和开元十六年（728 年）诏令所规定的客户可以迁往边州为编户。

宇文融的括客，是要把不入国家户籍而受私家荫庇的客户检括出来，作为国家的编户，授以籍外羡田，来增加政府的税收。客户受私家荫庇的身份，经过检括，变为编户，正标志着私家对于客户人身所有权的占有已经削弱，客户不自由的身份，已非固定不变，而是有转化为编户的可能了。唐玄宗开元十六年（728 年）的诏令，规定当时内地的客户，凡愿意迁徙到沿边诸州的，便许给以土地，免其赋税，成为编户，借以巩固国防。国家法令既然规定客户可以变为编户，自然标志着其人身依附关系的减轻，标志着历史的重要

---

① （宋）欧阳修、宋祁撰：《新唐书》卷 128《李杰传》，北京：中华书局点校本 1975 年版，第 4461 页。

② （宋）欧阳修、宋祁撰：《新唐书》卷 95《高俭传》“赞曰”，北京：中华书局点校本 1975 年版，第 3843 页。

变革。

第二是唐玄宗开元二十五年（737年）诏令所规定的客户可以由招募而为边军。

开元二十五年诏令规定："于诸色征人及客户中，召募丁壮，长充边军。"① 可见自府兵制瓦解后，客户和主户（指国家佃农）一样，成为边军招募的对象了。在府兵制没有瓦解以前，不论宿卫京师的卫士和防戍边陲的边兵，都由各色主户来应征，至于依托豪强以为私属的客户，国家还不能任意征发。开元二十五年以后，既然可以向客户招募丁壮，那么私家对客户的人身所有权必然有所削弱，而生产者的人身依附关系也必然有所减轻。

第三是庄园内的客户已有较多的活动余地。

唐玄宗天宝（742—756年）中，相州王叟庄园内的一家客户居然可以从事卖杂粉香药的商业活动，能以"五千之本，逐日食利"②。这和南北朝时期同样作为私家佃农的部曲、僮客相比，显然有更多的自由。因为那时，一个部曲如果逃亡被捕，便当处以极刑③，奴僮的脸上则往往刺字④，哪能以"五千之本，逐日食利！"在私家佃农人身依附关系减轻的前提下，必将促进劳动生产率的提高和商品货币关系的发展。唐玄宗开元天宝之际，唐朝政权鉴于劳动生产率的

① （宋）司马光编著，（元）胡三省音注：《资治通鉴》卷214，唐玄宗开元二十五年（737年）五月条，北京：中华书局点校本1956年版，第6829页。

② （宋）李昉等编：《太平广记》卷165《王叟》条引《原化记》，北京：中华书局点校本1961年版，第1210页。

③ （宋）李昉等编：《太平广记》卷120《羊道生》条引《还冤记》，北京：中华书局点校本1961年版，第841页。

④ （唐）李延寿撰：《南史》卷51《梁宗室传》上《临川王宏传·附正德传》，北京：中华书局点校本1975年版，第1281页。

提高，已无必要再像从前那样去严峻地控制国家佃农，兵役基本解除，力役也部分地被和雇所取代。作为均田制实质的国家佃农受国家政权严峻的人身依附关系的强化程度已经减轻。国家佃农人身依附关系的减轻，正表明均田制的解体。

所以唐玄宗开元天宝之际，客户之可以向编户转化，可以由招募而为边军，可以有较多的活动余地，都标志着私家佃农人身依附关系的相对减轻。私家佃农人身依附关系之由强化而相对减轻和国家佃农人身依附关系之由强化而相对减轻，是一个长期艰苦的斗争过程，同时也是世族地主所有制向庶族地主所有制转化的一个过程。自隋末农民大起义平息后，革命风暴此起彼伏。唐高宗时睦州女子陈硕真领导的起义①，剑南“光火贼”的起义②，武则天时宣州钟大眼领导的起义③，山东农民的“因事而起”“潜窜山泽”“因缘聚结”④ 等，都有力地推动着历史的变革。世族地主所有制和庶族地主所有制，虽说同属封建所有制的范畴，但却有所区别。世族地主所有制的特色，是封建隶属关系分外强化，由于隶属关系的强化，在封建经济领域内的商品经济也显得冷落萧索，因而也就不可能有足够的商业资本对封建主所占有的土地起腐蚀兼并的作用，而土地所有权也往往为一姓一家所长期垄断，显得安固久长。至于庶族地主

① （宋）欧阳修、宋祁撰：《新唐书》卷109《崔义玄传》，北京：中华书局点校本1975年版，第4095页。

② （后晋）刘昫等撰：《旧唐书》卷185上《冯元常传》，北京：中华书局点校本1975年版，第4800页。

③ （宋）欧阳修、宋祁撰：《新唐书》卷112《薛登传》，北京：中华书局点校本1975年版，第4171页。

④ （宋）王溥撰：《唐会要》卷77《诸使》上，上海：上海古籍出版社点校本2012年版，第1673页。

所有制的特色，是生产者的人身依附关系较前有所减轻，生产者有较多的自由可以改进生产，劳动生产率因而也较前有所提高，商品生产在自然经济领域内也较前更为活跃，土地所有权也不可能为一姓一家所长期垄断。

武则天时，正是世族地主所有制向庶族地主所有制的转化时期，同时也是庶族地主在经济上取代世族地主的时期。唐高宗仪凤年间（676—679 年），江淮间语曰“贵如许、郝，富若田、彭”[①]，以货殖起家、在经济上居于绝对优势的庶族地主代表田氏、彭氏，虽然在政治上不及出身高门世族的许圉师、郝处俊那样声势赫赫，但在经济上既然居于绝对优势的庶族地主，在政治上的居于优势已指日可待。中宗景龙中（707—710 年），辛替否说的“遂使富商豪贾，尽居缨冕之流”[②]，可见庶族地主到中宗时已成为社会的主要统治阶级了。

（二）唐代中叶以前封建经济的繁荣

中国的封建经济到了唐代已经呈现出一片欣欣向荣的景象。产生这一景象的最根本的原因，是私家佃农人身依附关系的减轻。由于私家佃农人身依附关系的减轻，一方面使生产者有较多的活动余地，可以改进生产；另一方面，由于因私家佃农人身依附关系的减轻而引起的国家佃农人身依附关系的强化，促使隋末大部分农民军的不甘心成为受国家政权严峻控制的国家编户，而愿意成为不入国

① （后晋）刘昫等撰：《旧唐书》卷 84《郝处俊传》，北京：中华书局点校本 1975 年版，第 2800 页。

② （后晋）刘昫等撰：《旧唐书》卷 101《辛替否传》，北京：中华书局点校本 1975 年版，第 3155 页。

家户籍、逃亡异乡的客籍之户。这和依托豪强以为私属即佃客的客户有所不同，但却是由逃户的身份向佃客转化的一种户等。

至于一部分受国家政权控制的国家佃农，在繁重的赋役压榨下，经过不断的斗争，人身依附关系也像私家佃农一样，在不断减轻。私家佃农人身依附关系由强化而减轻，标志着世族地主所有制向庶族地主所有制的转化；国家佃农人身依附关系由强化而减轻，则标志着均田制的瓦解。世族地主所有制以及和世族地主所有制同时并存的均田制的瓦解，固然是一个土地兼并的过程，但是土地的兼并，是根源于人身依附关系减轻的条件下，由于封建经济领域内商品经济的发展只说土地兼并，而不着重指出在农民起义影响下而引起的人身依附关系由强化而减轻的过程，是不能表明世族地主所有制和均田制的瓦解的。府兵制的瓦解使国家佃农从此摆脱兵役，所以也正好是国家佃农人身依附关系减轻的一个标志。因此，人身依附关系从南北朝末期的开始减轻到唐玄宗开元天宝之际的继续减轻，正表明中国历史的一个巨大进步。

不入国家户籍、逃亡异乡的客籍之户，从唐初到开元天宝之际，是大量存在的。唐玄宗开元时，不少新置的州县就是从这些不入国家户籍的客户的麇集之地析置出来的。这些由客户麇集之地，大都形势险峻，四面高山，中央平田，既可自卫，也可耕种。根据《元和郡县图志》记载，江南地区如宁化、古田、尤溪、永泰等县，都是“开山洞”① 新置的。这些山洞就是江南农民军的军事据点。江南

① （唐）李吉甫撰，贺次君点校：《元和郡县图志》卷29《江南道》五《汀州》，北京：中华书局点校本1983年版，第717—718页。

地区山洞密布，每支农民军都盘踞大小山洞以自固，形成一个个军事力量，逃避国家赋税。从隋末到开元天宝之际的一百多年间，有的客籍之户依然保持农民军的革命传统，以山洞为据点，继续和国家政权相对抗；有的则和大姓相勾结，以求荫庇。开元九年（721年），宇文融的括客也包括这批不入国家户籍的客户在内。所谓“开山洞”置县，就是要把这些和国家政权相对抗的军事据点一一解除，把逃避赋役的客户一一变为编户。唐代隋州的唐城，就是“开元二十六年（738年）以客户析枣阳地”① 建置的；福建的汀州，则是开元十一年（723年）检括以“光龙洞”为据点的“诸州避役百姓共三千余户”② 建置的。像这样由检括客户而析置的州县，当时并不少见。检括以前，他们虽受私家的荫庇，但和受国家政权严峻控制的国家佃农相比，毕竟有较多的自由。因而他们的存在对于社会生产的发展无疑起了推动的作用。同时他们的存在，还是由于私家佃农人身依附关系的减轻，如果私家佃农的人身依附关系重于国家佃农，那就根本不可能有脱离国家羁绊愿受私家荫庇的客户，或继续和国家政权相对抗的客籍之户的出现。因此，私家佃农人身依附关系的相对减轻，是唐代封建经济呈现繁荣的根本原因，是农民起义的必然结果。农民起义的伟大作用，正是从对封建生产关系发生某种变革、推动社会生产的发展中而体现出来的。唐太宗贞观时期（627—649年）的“轻徭薄赋”，只是在当时广大农民聚保山泽，

---

① （宋）欧阳修、宋祁撰：《新唐书》卷40《地理志》四，北京：中华书局点校本1975年版，第1031页。

② （唐）李吉甫撰，贺次君点校：《元和郡县图志》卷29《江南道》五《汀州》，北京：中华书局点校本1983年版，第722页。

不接受新王朝统治的情况下，统治者用以麻痹人民，使之编入国家户籍，以确保自己利益的一种手段。唐玄宗开元（713—741 年）以后，国家佃农的人身依附关系开始由强化而减轻，不入国家户籍的客籍之户开始变为编户，新置的州县不断出现，户口岁增，田野日辟。杜甫《忆昔诗》[①] 有如下描述：

忆昔开元全盛日，
小邑犹藏万家室。
稻米流脂粟米白，
公私仓廪俱丰实。
九州道路无豺虎，
远行不劳吉日出。
齐纨鲁缟车班班，
男耕女桑不相失。

唐代的封建经济，可谓蒸蒸日上。

历史唯物主义认为，生产的发展总是开始于在阶级对抗中随着阶级斗争的发展而发展起来的生产力的发展，首先是生产工具的发展。马克思指出“劳动生产率不仅取决于劳动者如何熟练，而且也取决于他所用的工具如何完善”[②]。就唐代的农业生产工具而论，与前代相较，显然有所改进。根据三门峡出土的唐代铁犁和陆龟蒙《耒耜经》的记载，耕地的犁已有犁壁、犁秤，前者可以推开犁铧翻

① （清）曹寅、彭定求等编：《全唐诗》卷 220，杜甫：《忆昔诗》，北京：中华书局点校本 1960 年版，第 2325 页。

② 马克思著，郭大力、王亚南译：《资本论》第 1 卷，北京：人民出版社 1966 年版，第 362 页。

起的土块，以便于深耕，后者可以控制犁铧入土的深浅。至于起土以后用牛拉着装有铁齿的耙，在制作上也比以前进步，因为以前用的是方耙，唐代则用“人”字耙，以前装的是木齿，唐代以铁为齿，用时人立其上，来回耙土，把土耙碎、耙细，耙去杂草，借以起到精耕细作和防旱保墒的作用。《耒耜经》载：“耕而后有耙（爬），渠疏之义也，散拨去芟者焉。”[1] 说的就是碎土去草，使土既细且实的意思。灌溉工具除了桔槔，还有“以木桶相连汲于井中”[2] 的水车。长江流域，还使用筒车，形似纺车，上缚竹筒，水激轮转，由竹筒兜水，次第倾入槽中，以灌田稻，日夜不息，不费人力，在灌溉技术上远胜前代。加以唐代开国以后的一百余年中，全国各地农民不断开河筑堤、修筑陂塘，遂使农田水利蒸蒸日上，唐玄宗开元八年（720 年）诏书中说的“今原野弥望，亩浍连属，由来榛棘之所，遍为秔稻之川”[3]，正是这一情形。再就农业生产率而论，唐代平均亩产量几乎比汉代增长一倍以上，东汉平均亩产量，用唐量计，合一石，唐代则为二石左右。[4] 仅此一例，就可想见唐代农业生产的发达了。

在农业生产的发展过程中，从前与农业相结合的某些家庭手工业也逐渐脱离农业成为独立手工业。手工业之由与农业相结合的家

---

① （清）董诰等编：《全唐文》卷 801，陆龟蒙：《耒耜经》，上海：上海古籍出版社影印本 1990 年版，第 3731 页。

② （宋）李昉等编：《太平广记》卷 250《邓玄挺》条引《启颜录》，北京：中华书局点校本 1961 年版，第 1936 页。

③ （宋）王钦若等撰：《册府元龟》卷 497《邦计部 · 河渠二》，北京：中华书局影印本 1960 年版，第 5951 页。

④ 蒙文通师：《中国历代农产量的扩大和赋役制度及学术思想的演变》，《四川大学学报》（社会科学版）1957 年第 2 期。

庭手工业变为独立的手工业，正表明劳动之由家庭男女两性的分工变为社会的分工，这一分工在漫长的封建社会里，只要生产力到了一定程度的发展，便会稀疏出现。封建经济虽说是以自然经济为基础，但是作为封建经济的生产单位的，是以自身劳动和私有制为基础的分散而独立的小农经济，因为这一经济——不管是自耕农或依附农民的小农经济——是以自身劳动和私有制为基础，所以生产者的生产物除了消费贡纳外，只要有剩余的部分，未尝不可能以商品的形式来交换他所需要的东西；而且某些和农业相结合的手工业品，也很可能以其中的一部分当作商品来生产；至于某些和农业相结合的手工业如纺织业、制瓷业、造纸业等，随着生产力的发展，也还会徐徐脱离农业，为交换而生产。这样，在封建社会里，商品生产必将成为封建经济的一个组成部分并为封建经济服务而存在，不可能完全灭绝。马克思在《资本论》里对资本主义以前诸社会的小商品生产作过剀切的说明，他说：

> 尽管产品绝大部分还是直接为着生产者自己的需要，不变成商品。社会生产过程也远没有按完全的范围和深度为交换价值所支配，商品生产和商品流通还是能够发生。①

武德五年（622年），李世民曾对其父皇说“山东人物之所，河北蚕绵之乡，而天府委输，待以成绩”②。这说明唐代初年，河北的丝织品正源源不断地输送关中。根据《唐六典》记载，唐玄宗开元

① 马克思著，郭大力、王亚南译：《资本论》第1卷，北京：人民出版社1966年版，第160页。

② （宋）司马光编著，（元）胡三省音注：《资治通鉴》卷190，高祖武德五年（622年）十二月条注引《太宗实录》，北京：中华书局点校本1956年版，第5963页。

(713—741年)以前，恒州的罗、定州的绫、扬州的铜镜、宣州的案纸、成都的单丝罗等已驰名全国。青州的染织业在唐高宗永徽年间(650—655年)已很发达，青州李清就是“代传染业”起家[①]；青州绢的制作当时首屈一指，“开元初……天下唯北海（青州）绢最佳”[②]。有名的齐纨鲁缟已成为诗人描述的对象，李白《寄远诗》载“鲁缟如玉霜，翦题月氏书”[③]，杜甫《忆昔诗》载“齐纨鲁缟车班班，男耕女桑不相失”[④]。这就可见山东地区的丝绢质地之美、产量之丰了。扬州的铜器业，开元以前，也极盛一时，锦镜、青铜镜是当时名贵的贡品；邢州、越州的瓷器，制法的精致，更是超越前代，唐代陆羽《茶经》卷中称“邢瓷类银，越瓷类玉”，或“邢瓷类雪，越瓷类冰”。以自然经济为主导形态的唐代经济，在生产技术逐渐改进和社会分工逐渐扩大的基础上，简单的商品生产显然在发育滋长。各种不同类型的手工业作坊，如染坊、车坊、毡坊、纸坊、绫锦坊等，已在都市陆续出现。唐人张鷟在《朝野佥载》中说定州何名远“家有绫机五百张”[⑤]，这在唐代文献里是规模最大的一家作坊了。由于商品生产的逐渐滋长，促进了商品活动的兴盛。武则天长安三年

① （宋）李昉等编：《太平广记》卷36《李清》条引《集异记》，北京：中华书局点校本1961年版，第230页。

② （宋）李昉等编：《太平广记》卷300《三卫》条引《广异记》，北京：中华书局点校本1961年版，第2383—2384页。

③ （清）曹寅、彭定求等编：《全唐诗》卷184，李白：《寄远诗》，北京：中华书局点校本1960年版，第1879页。

④ （清）曹寅、彭定求等编：《全唐诗》卷220，杜甫：《忆昔诗》，北京：中华书局点校本1960年版，第2325页。

⑤ （唐）张鷟撰，赵守俨点校《朝野佥载》卷3（北京：中华书局点校本1979年版，第75页）：“定州何名远大富，主官中三驿。每于驿边起店停商，专以袭胡为业，赀财巨万，家有绫机五百张。远年老，或不从戎，即家贫破。及如故，即复盛。”

(703年)，凤阁舍人崔融在《谏税关市疏》里，有这样一段记载：

……且如天下诸津，舟航所聚，旁通蜀汉，前诣闽越，七泽十薮，三江五湖，控制河洛，兼包淮海，宏舸巨舰，千舳万艘，交货往还，昧旦永日。①

这是关于水上货物贩运的盛况。至于陆上的情形，同样可观。唐玄宗开元以后，若以两京为中心，东到汴京，西到凉州、成都，北到太原，南到荆襄，都有结党连群、运货往返的商客出没其间。《通典》有这样一条记载，自开元十三年（725年）以后的情形是：

……天下无贵物，两京米斗不至二十文，面三十二文，绢一匹二百一十二文。东至宋、汴，西至岐州，夹路列店肆待客，酒馔丰溢；每店皆有驴赁客乘，倏忽数十里，谓之驿驴。南诣荆襄，北至太原、范阳，西至蜀川、凉府，皆有店肆，以供商旅，远适数千里，不持寸刃。②

上引材料集中反映了当时陆上商业活动的盛况。

唐代商业活动的盛况，并不意味着商品生产的真正繁荣。唐代的商品生产只是封建经济领域内的一个组成部分，为封建制度服务。唐代的商品生产不但不能改变封建所有制的强固存在，反而使封建所有制获得进一步的发展。这是因为在自然经济占优势的条件下，商品的销路有限，市场有限，随着商品生产的发展而积累的商业资本，往往为豪商大贾用于卖贱鬻贵、高利盘剥，不可能用于扩大再

① （清）董诰等编：《全唐文》卷219，崔融：《谏税关市疏》，上海：上海古籍出版社影印本1990年版，第976页。

② （唐）杜佑撰：《通典》卷7《食货典》七《历代盛衰户口》，北京：中华书局影印本1984年版，第41页。

生产，自然经济仍然占着绝对的优势。唐代开国，高门世族由于经过农民起义的层叠打击，开始衰飒，私家佃农的人身依附关系已由强化而逐渐减轻，劳动生产率相应提高，商品货币关系开始抬头，社会上已涌现出一批新兴的庶族商贾地主。他们以雄厚的商业资本对小农经济、世族地主庄园经济进行腐蚀兼并，促进了土地兼并的激烈和庶族地主庄园经济的发展。唐高宗时，西京富商邹凤炽是"邸店园宅，遍满海内"，"金宝不可胜计"。[①] 唐玄宗时，号称"王家富窟"[②] 的王元宝，因钱文元宝得名，玄宗谓左右曰，"朕天下之贵，元宝天下之富"[③]。像这类出身庶族的商贾地主见于唐代文献的，不一而足。

---

① （宋）李昉等编：《太平广记》卷459《邹凤炽》条引《独异志》，北京：中华书局点校本1961年版，第4062页。

② （五代）王仁裕撰，曾贻芬点校《开元天宝遗事》卷下《富窟》（北京：中华书局2006年版，第37页）："王元宝，都中巨豪也。常以金银叠为屋壁，上以红泥泥之。又于宅中置一礼贤堂，以沉香为轩栏，以碔砆甃地面，以锦文石为柱础，又以铜线穿钱，甃于后园花径中，贵其泥雨不滑也。四方宾客所至如归，故时人呼为'王家富窟'。"

③ （宋）李昉等编：《太平广记》卷495《邹凤炽》条引《独异志》，北京：中华书局点校本1961年版，第4063页。

四、唐王朝为巩固统治所采取的各种措施和在均田制瓦解过程中府兵制的瓦解

（一）三省制的确立

唐代初年，高门世族经过隋末农民大起义的再次打击，封建特权已相应削弱，国家政权则继续强化，强化的标志是三省制的确立。唐代履行专制政权的三大权力机构即中书（隋称内史）、门下、尚书三省的职权，从表面上看虽然仍沿隋旧，各有所职，但却比隋代更进一步地加强了相互间的联系、督察、制约。加强相互间的联系、督察、制约，正是在于防止宰相的擅权用事，以收到君主专制的成效。如果三省各自为政，不相统一，那必然会引起三省之间的猜忌冲突，中央集权也就无从集权了。

唐代的侍中（隋称纳言）、中书令可以联合办公，合而为一，尚书仆射也可以用中书门下平章事之衔和中书令、侍中参议朝政，合而为一。所以唐代的三省，分之则为三，合之则为一。唐代这一行政系统的建立及其相互关系，正足以象征王权的集中。

唐王朝为了巩固对全国百姓的统治，自然需要从地主阶级中选拔一批有统治才干的青年才俊集中京师，于是统治阶级“重内官轻外职”的心理也更胜于前代。唐太宗贞观十一年（637年）马周上疏：“今朝廷独重内官，县令、刺史颇轻其选”[①]，正集中反映了这一点。魏晋时期，因为郡守刺史可以独占方面，所以士大夫由内官出为二千石刺史的，往往以为荣迁；到了唐代，因为地方政权已集中中央，所以由州牧调任京官的，视若登仙。《资治通鉴》开元四年（716年）二月条如此记载：

> （唐玄宗）虽欲重都督、刺史，选京官才望者为之，然当时士大夫犹轻外任。扬州采访使班景倩入为大理少卿，过大梁，（汴州刺史倪）若水饯之行，立望其行尘，久之乃返，谓官属曰：“班生此行，何异登仙！”[②]

所以重内轻外，正是反映唐代统治阶级在三省制确立后中央政权强化的一种共同心理。当时，带有分割性的地方政权已经转变为统一的中央集权政权，代表国家政权的三大权力机构已经由从前当作高门大族把持政权的三个要津，变为一个足以体现集中王政的有机的集合体，官吏的选授，已经由地方归于吏部。凡此种种，都标志着我国封建政治领域内的重要变革。之所以有此变革，是因为在农民起义的推动下，作为封建土地所有制主要内容的人身依附关系的减轻，而引起的高门世族封建特权的开始削弱。

---

① （后晋）刘昫等撰：《旧唐书》卷74《马周传》，北京：中华书局点校本1975年版，第2618页。

② （宋）司马光编著，（元）胡三省音注：《资治通鉴》卷211，唐玄宗开元四年（716年）二月条，北京：中华书局点校本1956年版，第6716页。

（二）府兵制的扩建和色役的推行

1. 唐代府兵制的扩建

唐代的府兵制，和隋朝一样，是象征中央集权政权日趋强化和巩固的政治上层建筑，只是在组织上、规模上比隋代更为严密和庞大。府兵的创制，始于西魏；但西魏的府兵，和隋唐不同。西魏的府兵是宇文泰入关中以后，将鲜卑和汉族的丁壮以仿效部落军事联盟的方式，混合组织而成的一个特殊武装集团。隋唐的府兵，则是在均田制基础上的选农为兵的武装，是国家政权对国家佃农剩余劳动的残酷榨取，因而也标志着国家佃农人身依附关系的强化。

隋文帝开皇九年（589 年）平陈之后，统一的中央集权国家继秦汉后再度形成，高门大族的封建特权既已开始削弱，私家的家兵部曲也便失却存在的条件，从前由六柱国“自相督率，不编户贯”[①] 的府兵集团，也一变而为国家权力的主要工具之一。开皇九年、十年颁布的两个诏书“世路既夷，群方无事，武力之子，俱可学经”[②]，“凡是军人，可悉属州县，垦田籍帐，一与民同”[③]，就反映了这一变革。

唐初即武德年间创建关中政权的时候，曾把三辅军民二十万组成一支劲旅，编制入府，设立十二军，每军置将军一人，“督耕战之

---

① （唐）李延寿撰：《北史》卷 60《王雄传》，北京：中华书局点校本 1974 年版，第 2155 页。

② （宋）司马光编著，（元）胡三省音注：《资治通鉴》卷 177，隋文帝开皇九年（589 年）四月条，北京：中华书局点校本 1956 年版，第 5521 页。

③ （唐）魏徵、令狐德棻撰：《隋书》卷二《高祖纪》，北京：中华书局点校本 1973 年版，第 35 页。

备，自是士马强劲，无敌于天下”①。所谓“督耕战之备”，正是建立在均田制基础之上的隋唐府兵制的一个共同特色，随着关中政权的扩大，作为国家政权强力工具的府兵集团也随之扩大，由关中而全国，改20万人而为60万人。府兵的组织也较前更为严密，改十二军为十六卫，每卫置大将军一人，分统诸府。每府置折冲（御敌）都尉一人，左右果毅都尉各一人，以为教练。具体规定是府之下为团，团下为队，队下为火。具体情况是，以300人为团，团有校尉；50人为队，队有正；10人为火，火有长。当时，全国置府634个。

唐代当兵的都出于农家，农家子弟到了成年而强壮的，按其家庭丁男多少，征发入伍。平日轮流宿卫京师，不宿卫的，从事耕种，农事完毕，征集入伍，练习攻战；倘遇边疆有警，则征招出征，事毕再归田里。在服役和宿卫期间，所有衣食都由自己负担，国家无养兵之费。所以府兵实是建立在均田制基础上的一种选农为兵的武装，是国家佃农对国家政权担负的一种极其繁重的特殊徭役——兵役。

唐代府兵，虽由十六卫将军和各府的折冲果毅都尉分别督率，但实则将军只负责出征时指挥之职，都尉则负责平日教练之职，而真正掌握军政大权的，仍然是皇帝一人。随着唐王朝版图的不断扩大，府兵也在不断扩大，太宗贞观（627—649年）末年，已由五六百府增加为八百府，而“关中五百，举天下不敌关中”②。不仅如此，唐太宗贞观以后，府兵的设置，不限于关内诸州，北方沿边一带也

① （唐）杜佑撰：《通典》卷28《职官典》十《将军总叙》，北京：中华书局影印本1984年版，第163页。

② （宋）欧阳修、宋祁撰：《新唐书》卷157《陆贽传》，北京：中华书局点校本1975年版，第4913页。

有设置。当时在边陲的府兵，称为边兵，而驻扎边兵的地方，称为军、镇、守捉。由于边陲和内地的条件不同，边兵和府兵的任务也各不相同，前者主要任务是戍边，后者主要任务是宿卫，但他们都受国家政权残酷的兵役的压榨却完全一致，只是一个是戍役边隅的府兵，一个是服役内地的府兵，而戍边和宿卫都是为了巩固统一的中央集权国家。唐太宗贞观以后，府兵制的不断扩充和三省制的日趋严密，正体现了专制君主政治权力的进一步强化，体现了阶级矛盾的激化。因为从前具有独立政治力量、军事力量的高门世族，经过几次农民起义的层叠打击，已经失去带有分割性的独立力量，他们为了维护自己的利益，亟须强化国家权力。

2. 唐代色役的推行

国家佃农人身依附关系强化的又一标志是色役的普遍推行。色役是国家佃农为官僚群及其机构所承担的特种徭役。在社会生产力不发展的初唐时期，剩余劳动形态依然承袭过去的徭役劳动，原是很自然的事情，作为国家佃农，不但要服兵役、力役，而且还要承担官僚群的各种杂役。“多给力役”①，正是唐代中叶以前国家佃农在国家政权严峻控制下，所受劳役地租剥削惨重的概括。唐代色役，大都承袭南北朝时期的旧制，但和南北朝也有所不同。南北朝时期，每种色役，就是单纯的劳役，到了唐代，不服役的，可以缴纳一定数量的钱币，谓之资课。比如门士，北魏时是看“守门户”②，到了

① （宋）王溥撰：《唐会要》卷46《封建》，上海：上海古籍出版社点校本2006年版，第954页。

② （宋）司马光编著，（元）胡三省音注：《资治通鉴》卷133，宋苍梧王元徽元年（473年）十一月条注文，北京：中华书局点校本1956年版，第4176页。

唐代，改称门夫，不服役的，则须纳资，闲月170文，忙月200文。又如防阁，萧齐时“以勇略之士为之，以防卫斋阁”[①]，到了唐代，不服役的，每年须纳2500文。政府把色役户缴来的资课，作为官吏俸禄。不论门士、防阁或其他色役，既是一种特定的徭役，也是一种服役者的特定名称。当时在京城的文武官僚，凡五品以上的，按职位高低，配给不同人数的防阁，最多的96人，最少的24人。凡六品以下，也按职位高低，配给另一种色役——庶仆，最多的5人，最少的2人。唐代官僚的俸禄，一般分为月俸、食料、杂用等，而防阁、庶仆就是俸禄中的两项重要内容。不但防阁、庶仆，所有色役到武则天以后，随着社会生产力的发展，已是“皆舍其身而收其课”[②]。唐代作为劳役地租的色役，从此变为实物或货币地租了。

唐代服色役的，除了国家佃农，还有贵族富豪的子弟，但贵族富豪子弟所服的色役，如在皇帝左右担任宿卫的亲卫、勋卫、翊卫等所谓三卫和用公款放债取利、作为官人部分俸禄的捉钱令史等，与其说是色役，不如说是贵族富豪子弟用以猎取富贵、致身通显的捷径，与国家佃农所服的为官僚群及其机构提供剩余劳动、提供俸禄的色役，有本质的不同。《唐会要》卷91仪凤三年（678年）所说的“廪食为费，同资于上农；岁俸所颁，并课于编户”[③]，就是为官僚群及其机构提供俸禄的色役。

---

① （宋）司马光编著，（元）胡三省音注：《资治通鉴》卷139，齐明帝建武元年（494年）九月条注文，北京：中华书局点校本1956年版，第4361页。

② （唐）杜佑撰：《通典》卷35《职官》十七，北京：中华书局影印本1984年版，第201页。

③ （宋）王溥撰：《唐会要》卷91《内外官料钱》上，上海：上海古籍出版社点校本2006年版，第1960页。

中唐以前，作为国家政权的两个主要支柱的军队和官僚，是完全依靠劳役地租来维系的。从全国的国家佃农中征发兵役，组成强大的府兵集团，再从全国的国家佃农中，组成特定的户等——色役户，为官僚群提供俸禄，要做到这一点，自然对国家佃农进行严峻控制不可。必须指出，中唐以前，国家权力的强化，是在国家佃农人身依附关系的强化基础上实现的。

（三）科举制的创设

魏晋南北朝时期，官吏的选授，权归高门，贵族可以凌驾寒门，士庶之分，十分严格。到了隋朝，随着高门世族的衰落，国家权力相对集中，官吏的选拔，权归吏部。隋文帝开皇七年（587 年）规定："诸州岁贡三人"①，意谓地方诸州每年向中央保荐文章优美的贡士三人，再对其进行考试，这就是科举制的开端。但时行时罢，直到隋炀帝大业三年（607 年）"始建进士科"②，科举取士才成定制。

唐代贡士分为三类，一为生徒，是由京师国学和地方州学以及县学保荐学业优异的学生；二为乡贡，是在家自学，经州、县考试合格，得到保荐的士人；三为制举，由天子亲临主试的非常之才。制举不常设，生徒、乡贡皆试于吏部，每年一次，所试科目，主要为明经、进士两科。明经主要考的是帖经，就是将《礼记》《左传》《论语》《尔雅》等经籍的经文，掩其两端，中间只留一行，用纸贴

---

① （唐）杜佑撰：《通典》卷 14《选举》二，北京：中华书局影印本 1984 年版，第 81 页。

② （唐）杜佑撰：《通典》卷 14《选举》二，北京：中华书局影印本 1984 年版，第 81 页。

去三字，叫考生补上。进士试诗赋、时务策，自然比单凭记忆的明经为难。唐太宗贞观（627—649 年）以后，进士及第的，不过百分之一二，明经及第的，则有十分之一二，当时有“三十老明经，五十少进士”[1] 的说法，便是当时形容进士科艰难与明经科较易的两句评语。人情贵难贱易，所以每年参与进士科的趋之若鹜。纵有倜傥之才，为了取得一个进士，也只得在雕虫小技上耗尽精力，甚至老死场屋亦无所恨。侥幸被录取的，也不过做个封建统治者的官员，使他们不敢犯上作乱。这是封建帝王的一种最高明的统治术。相传李世民一天在长安的端门，见新进士结队而行，高兴地说“天下英雄入吾彀中矣”[2]，这句话正道破了唐代之所以提倡进士科的秘密。马克思指出“一个统治阶级越是能把被统治阶级中的优秀的分子吸收进来，它的统治就越会是巩固，越是险恶”[3]。唐代进士及第的，虽多限于贵族高门子弟，但科举取士毕竟打破了魏晋以来的士庶之限；许多娴熟于文学而出身于中小地主乃至贫寒之家的人，也都可通过州、县的保荐，集试吏部。一旦及第，便可由社会下层一跃而为士大夫，这就为封建统治增添了新的力量，巩固了统治基础。唐

---

① （五代）王定保撰，阳羡生校点：《唐摭言》卷 1《散序进士》，上海：上海古籍出版社 2012 年版，第 3 页。

② （五代）王定保撰，阳羡生校点：《唐摭言》卷 1《述进士》上篇，上海：上海古籍出版社 2012 年版，第 2 页；卷 15《杂记》，第 106 页。

③ 马克思著，郭大力、王亚南译：《资本论》第 3 卷，北京：人民出版社 1966 年版，第 704 页。

代的“白衣公卿”[①]，正是从中小地主和社会下层中挑拔出来的用以镇压社会反抗力量的一批所谓“俊杰之士”——封建统治的一员。

当然，以文章取士的科举制，在唐代既然打破了士庶之限，过去为高门世族所垄断的诗文艺术，也渐渐流入民间，吸取民间文学的精华，产生出生气勃勃的诗歌传奇，这使中国文学大放光彩。

（四）府兵制的瓦解和色役的消失

唐玄宗开元天宝之际，由于生产者人身依附关系的相对减轻而引起的封建经济领域内商品生产的逐步发展，必然导致土地兼并的激烈和地主所有制的发展。玄宗开元（713—741 年）时杨虚受说的“商贾积滞，富豪藏镪，兼并之人，岁增储蓄，贫素之土（士），日有空虚”[②]，和杜佑说的“虽有此制（指均田制），开元之季，天宝以来，法令弛坏，兼并之弊，有逾于汉成、哀之间”[③]，正反映了均田制的彻底瓦解。随着均田制的彻底瓦解，建立在均田制基础上的府兵制，到了开元天宝之际，也随之瓦解。

自武曌以后，均田户的口分、世业之田，已经不断地在被兼并，均田户不断地在沦为客户；长安政府对于尚未沦为客户的均田户，

① （五代）王定保撰，阳羡生校点《唐摭言》卷 1《散序进士》（上海：上海古籍出版社 2012 年版，第 3 页）：“进士科始于隋大业中，盛于贞观、永徽之际。缙绅虽位极人臣，不由进士者，终不为美，以至岁贡常不减八九百人。其推重谓之‘白衣公卿’，又曰‘一品白衫’。”

② （清）董诰等撰：《全唐文》卷 279，杨虚受：《请禁恶钱疏》，上海：上海古籍出版社影印本 1990 年版，第 1250 页。

③ （唐）杜佑撰：《通典》卷 2《食货》二注文，北京：中华书局影印本 1984 年版，第 16 页。

势必加紧奴役剥削，从而促进农户的激烈逃亡。农户的逃亡，不出两个途径。一是相率起义，来反抗繁重的赋税，武曌神功元年（697年）狄仁杰奏疏中说的“今关东饥馑，蜀汉逃亡，江淮以南，征求不息，人不复业，则相率为盗”①，便是指的这一情形。一是依附豪强以为客户，玄宗开元（713—741年）时的一个诏令说的“今正朔所及，封疆无外，虽户口既增，而赋税不益，莫不轻去乡邑，共为浮惰，或豪人成其泉薮，或奸吏为之囊橐”②，便是指的这一情形。农户不断沦为客户，不但表明了土地兼并的激烈，同时也表明了向唐朝政府担负赋税的农户在陆续减少。开元天宝之际，随着土地的兼并，农户的逃亡，唐朝政府要想以从前“貌阅”“团貌”“三长制”等方式来严峻地控制户口，已不可得，均田制也不得不瓦解了。所以均田制的瓦解，不仅是土地兼并或地主所有制发展的一个过程，同时也是国家佃农经过长期斗争以反抗繁重的力役、兵役，使人身依附关系得以减轻的一个过程。

在均田制的瓦解过程中，农户纷纷逃亡，势必影响府兵的数量；因为农户的逃亡，农家子弟之宿卫京师的，便会断绝衣食的来源，而日感贫乏。唐睿宗景云（710—711年）时“宿卫兵至有三日不得食者”③；到了开元（713—741年）初年，遂使“当番卫士，浸以贫

① （后晋）刘昫等撰：《旧唐书》卷89《狄仁杰传》，北京：中华书局点校本1975年版，第2890页。

② （清）董诰等撰：《全唐文》卷22玄宗：《科禁诸州逃亡制》，上海：上海古籍出版社影印本1990年版，第107页。

③ （后晋）刘昫等撰：《旧唐书》卷88《苏环传》，北京：中华书局点校本1975年版，第2879页。

弱，逃亡略尽”①，“宿卫不能给”②。连保卫京师的卫士都已逃亡，于是开元十年（722年）由宰相张说建议招募壮丁，以充宿卫，号曰“彍骑”，“兵农之分，从此始矣”③。在府兵制时期，农家子弟之成丁的，不是负担租庸杂徭，便须终身服事兵役；这是国家政权对国家佃农的残酷剥削与奴役，府兵的毁废，使国家佃农不再负担繁重的兵役，恰恰表明了中唐前后历史的一个重要变革。

唐玄宗开元十年（722年），宿卫京师的卫士既然实行招募，于是和府兵同时解体的边兵，于开元二十五年（737年）亦开始招募了。《唐六典》说“是后，州郡之间，永无征兵发之役矣”④。这都表明了兵出于农的征兵之制已为募兵之制所代替了。因此，均田制的瓦解，实是国家佃农在地主所有制发展情况下，经过长期斗争，使自己的人身依附关系得以减轻的一个过程。随着均田制的瓦解，府兵制也自然随之瓦解，唐朝政权便须用雇佣方式来建立足以维护自己政权的军队了。

同样，随着均田制的瓦解，作为官僚俸禄的色役，也就由原来特定户等——色役户所承担的以钱代役的资课，并入国家的公赋，以彻底摆脱色役户的负担。比如色役之一的白直，在东晋南朝时，

---

① （后晋）刘昫等撰：《旧唐书》卷97《张说传》，北京：中华书局点校本1975年版，第3053页。

② （宋）欧阳修、宋祁撰：《新唐书》卷50《兵志》，北京：中华书局点校本1975年版，第1326页。

③ （宋）司马光编著，（元）胡三省音注：《资治通鉴》卷212，北京：中华书局点校本1956年版，第6753页。

④ （唐）李林甫等撰，陈仲夫点校：《唐六典》卷5《尚书兵部·兵部郎中》注文，北京：中华书局1992年版，第157页。

是“选白丁之壮勇者入直左右”[1]，显然是单纯的劳役。到了唐代，却逐渐转化为州县官僚的俸禄，这就意味着劳役地租向实物地租或货币地租的变革。唐代指定10万壮丁来承担这种特定的徭役，每丁每月输钱208文，每年便须2400多文，这是一个极其沉重的负担。唐玄宗开元天宝之间，在均田制激烈瓦解的形势下，为唐朝政权服事兵役的府兵既然纷纷逃亡，随之为长安政权承担官僚俸禄的色役户，也同样在破产流亡。唐玄宗天宝五载（746年），唐朝政府之所以诏令为郡县官提供俸禄的10万名白直全部解除，把他们以钱代役的资课并入国家公赋，“加税充用”[2]，正反映了白直这种色役已经不复存在了。不仅白直，所有色役，在均田制的崩溃中，都在逐一消失。以钱代役的资课，也和色役无关，而逐渐并入户税中去了。唐朝政权要维持庞大的官僚群，便须把征税的对象由国家佃农扩大到客户的户税，作为主要的新的赋税了。

---

① （宋）司马光编著，（元）胡三省音注：《资治通鉴》卷118，晋安帝义熙十三年（417年）四月条注文，北京：中华书局点校本1956年版，第3703页。

② （宋）王溥撰：《唐会要》卷91《内外官料钱》上，上海：上海古籍出版社点校本2012年版，第1964页。

五、安史之乱和藩镇割据

自府兵制瓦解后，唐朝政府财赋的收入，既不足以建立一支强大的中央禁军，也不足以给养当初设置沿边以戍边境的边兵。这样的条件，遂使统率边兵的节度使可以独占方面。唐代安史之乱及后来的藩镇割据局面，就是在这种历史条件下出现的。

在府兵制时期，唐朝政府可以征发五六十万丁壮，作为卫士，来轮流宿卫京师，而不出养兵之费。府兵制毁废后，如果再以五六十万人来轮流宿卫，就需要一笔很大的军费。为了减少开支，所以只招募了13万彍骑，以充宿卫，而且连这13万彍骑，由于“征戍耗亡，而不复补”[1]，到唐玄宗天宝八载（749年），也至无兵可用的地步。唐初“举天下不敌关中”[2] 的形势，从此消失。至于沿边的边兵，由于唐王朝积极向外开拓，却有增无已，军用与日俱增；为了

---

① （宋）王应麟编：《玉海》卷138《兵制》三，扬州：广陵书社2003年影印本，第2581页。

② （宋）司马光编著，（元）胡三省音注：《资治通鉴》卷228，唐德宗建中四年（783年）八月条，北京：中华书局点校本1956年版，第7348页。

便于给养，于是唐朝政府允许节度使以财赋兵甲自擅，终于导致蓄谋已久，而又身兼平卢、范阳、河东三镇节度使的安禄山，称兵倡乱。

（一）安史之乱

从武曌以后，中原王朝对幽州、冀州以北的奚、契丹等草原少数民族，不断地进行军事和商业的掠夺。辽西的营州（今辽宁锦州西），便是当时和东北草原民族交易的要地，由于汉族边将的恣意掠夺，引起各族的共同反抗，一度攻陷营州。中央政府为了收复营州，先后发动过四次大规模的武力镇压，随着军事的胜利，中央政府一方面继续进行商业和军事的掠夺，一方面又采取以夷制夷的政策，从草原民族中荐拔一批精悍干练的部落酋长为沿边节度使。而机警善变、出身羯胡的安禄山，正是一个出色的人选，他以军事上、政治上的优势，利用民族矛盾，对边塞各族极尽笼络之能事，来建立自己的武装。

从武曌以后，河朔地区不仅有民族矛盾，还有严重的阶级矛盾。原来这个地区是隋末农民起义的主要根据地，河北农民素有革命战斗传统，中央政府自消灭窦建德以后，虽然几次对其进行“安抚”，但对河北人民却总是百般戒备。河北人民自隋末农民大起义平息后，并不甘受新王朝的控制，其中大部分依然不入国家户籍，成为流徙逃亡的客籍之户。至于已入国家户籍的编户，自唐初到武曌时期，在繁重的兵役、力役的残酷压榨下，也纷纷逃亡，逃户的数量在不断增加。每当奚、契丹等草原民族因不堪汉族统治者的压迫起来反抗时，往往得到流徙逃亡的河朔人民的有力支持和声援，河朔人民因为支持和声援奚、契丹的反抗斗争，屡次遭到中央政府的疯狂屠杀。武曌神功元年（697年），挂着“安抚使”招牌到河北去的武懿宗，正是“杀人最多”[①]的一个刽子手。

这样直到唐玄宗天宝年间（742—756年），河北地区由于民族矛盾和阶级矛盾的互相交织，互相发展，而身兼三镇节度使的安禄山，以独占方面的优势，利用这种双重矛盾，建立一支由东北边塞各族和自隋至武曌时期由中亚迁入河朔的羯胡人组织而成的20万军队，以勇敢善战的各族上层代表如孙孝哲、李怀仙（契丹人）、张孝忠（奚人）、阿史那承庆（突厥人）等为爪牙，并把来归附的同罗、奚、契丹的丁壮8000余人，作为武装的骨干力量。[②]天宝十二载（753年），出身羯胡的阿布思为回纥所败，他的部落又归附了安禄山，“自是禄山精兵无敌于天下”[③]。天宝十四载（755年），安禄山就依靠这支武装力量和他出身羯胡的部将史思明发动了叛乱，妄图在汉族地区建立一个以羯胡为中心联合北边各族上层分子的民族统治政权。

因此，安史之乱的性质，是以羯胡为中心联合北边各族的民族统治集团和唐王朝长安统治集团的一场斗争，是民族统治集团对唐王朝的叛乱。而产生叛乱的历史条件，是府兵制毁废后，长安政府财赋的收入既不足以建立一支强大的中央禁军，也无力供应沿边节

① （宋）司马光编著，（元）胡三省音注：《资治通鉴》卷206，武则天后神功元年（697年）六月条，北京：中华书局点校本1956年版，第6522页。

② （宋）司马光编著，（元）胡三省音注：《资治通鉴》卷216，唐玄宗天宝十二载（753年）四月条注文，北京：中华书局点校本1956年版，第6906页。

③ （唐）姚汝能撰，曾贻芬点校：《安禄山事迹》卷上，北京：中华书局点校本1983年版，第14页注文。

度使的军队，遂使节度使可以权时应变，独专方面，而河朔一隅又是民族与阶级矛盾互相交织发展的地区，这就为安禄山的叛乱提供了有利条件。

叛乱开始时，因为打着反抗唐朝政权的旗号，所以得到汉族人民的拥护，“所过州县，望风瓦解，守令或开门出迎，或弃城窜匿，或为所擒戮，无敢拒之者”[①]。但当安禄山渡过黄河，占领洛阳后，他的民族统治的野心彻底暴露，开始对汉族人民进行疯狂掠夺和民族仇杀，引起汉族人民和爱国将领的奋勇抵抗。史称河朔百姓，“苦贼残暴，所至屯结，多至二万人，少者万人，各为营以拒贼”[②]。一心抗敌的著名将领封常清、高仙芝等，在宦官监军边令诚的阻挠陷害下，虽然遭到长安统治集团的杀害，但他们的正气，却振奋人心。[③] 爱国将领郭子仪、李光弼率兵自河东出井陉（今河北井陉西北），收复常山，进围博陵时，“河北十余郡皆杀贼守将而降”[④]。当时军民一心，同仇敌忾，抗击形势日胜一日。但这并不能消除因安禄山借其优势兵力图谋向关中进兵而引起的这一危机。长安政府为了防御安禄山向关中进兵，由哥舒翰以 20 万乌合之众把守潼关。这时安禄山的重兵，多在宛（今河南南阳、唐河一带）、洛，幽州空虚，所以郭子仪、李光弼的战略是要直捣幽州，要求哥舒翰按兵不

---

① （宋）司马光编著，（元）胡三省音注：《资治通鉴》卷 217，唐玄宗天宝十四载（755 年）十一月条，北京：中华书局点校本 1956 年版，第 6935 页。

② （宋）司马光编著，（元）胡三省音注：《资治通鉴》卷 217，唐肃宗至德元年（756 年）四月条，北京：中华书局点校本 1956 年版，第 6960 页。

③ （后晋）刘昫等撰：《旧唐书》卷 104《封常清传》，北京：中华书局点校本 1975 年版，第 3207—3211 页；《旧唐书》卷 104《高仙芝传》，第 3203—3206 页。

④ （宋）司马光编著，（元）胡三省音注：《资治通鉴》卷 218，唐肃宗至德元年（756 年）五月条，北京：中华书局点校本 1956 年版，第 6964 页。

动，来牵制安禄山。但是骄纵召乱的宰相杨国忠惧怕哥舒翰举兵西指问罪，便和已老朽昏聩的唐玄宗督促哥舒翰急速东进，攻取洛阳。哥舒翰不敢违命，抚膺恸哭，引兵出关，一战便败。潼关失守，唐玄宗及其一伙逃往成都，太子李亨即位灵武（今属宁夏），是为唐肃宗。肃宗至德元载（756年），叛军陷长安。郭子仪、李光弼等于是放弃原来战略，仓皇解围而南，引兵入井陉[①]，使一度好转的形势，又告破灭。

但这时叛军内部斗争激烈，安禄山为其子安庆绪所杀，唐王朝乘机反攻。至德二载（757年），唐军在天下兵马副元帅、朔方节度使郭子仪的统率下，联合西域、回纥之众共15万，从凤翔出发，先后收复两京。肃宗乾元元年（758年），唐王朝以郭子仪、李光弼等九节度使的军队，由宦官鱼朝恩为观军容宣尉处置使来统率，攻围为安庆绪所盘踞的邺城。由鱼朝恩来统率九节度使，不但表明宦官之权从此坐大，而且也意味着唐代的君主专政将以宦官专政作为主要内容。乾元二年（759年），在范阳的史思明引兵南下，援救邺城，九节度使的军队指挥失灵，不相统一，和叛军一接触，便溃不成军。在鱼朝恩的阴谋策划下，肃宗几度削夺郭子仪、李光弼的兵柄，把和鱼朝恩相勾结的郭子仪的部将仆固怀恩任命为朔方节度副使。这时叛军内部矛盾重重，史思明杀安庆绪，自称大燕皇帝，进占洛阳，肃宗上元二年（761年）史思明为其子史朝义所杀。[②] 加以在叛军对

---

① （宋）司马光编著，（元）胡三省音注：《资治通鉴》卷218，唐肃宗至德元年（756年）六月条，北京：中华书局点校本1956年版，第6980页。

② （唐）姚汝能撰，曾贻芬点校：《安禄山事迹》卷下，北京：中华书局点校本1983年版，第39—45页。

汉族人民的疯狂虐杀下，民族矛盾日益尖锐，“民间骚然，益思唐室”①，河北人民处于水深火热之中，“咸思报国，竞相结聚，屯据乡村”②，到代宗宝应二年（763年），安史叛乱终于在以汉族为首的各族人民的沉重打击下，归于失败。③

但是，安史叛乱的失败，并不意味着产生叛乱的根源也就是特殊的历史条件能彻底消失。叛乱的特殊历史条件既未消失，所以安史叛乱虽然消失了，而新的叛乱还会继续出现。安史叛乱后，作为安史余孽的卢龙（治幽州）、成德（治恒州）、魏博（治魏州）等河朔三镇的割据称雄，淄青（治青州）、横海（治沧州）、宣武（治汴州）、彰义（治蔡州）、昭义（治潞州）等节度使的跋扈叛变，都充分说明了这一点。只有经过长期的人民的反对割据叛乱的激烈斗争，到了国家权力能够建立一支使藩镇相形见绌的强大的中央禁军时，产生藩镇的特殊历史条件才能消失，藩镇的割据叛乱，也便随之消失，五代时期周世宗柴荣的历史活动，明白地反映了这一历史变革。

同时，中唐以后，由于直接生产者人身依附关系的相对减轻而引起的劳动生产率的提高，必然使统治者的剥削有增无已。所以，中唐以后，长安政府无力建立一支中央禁军，并不表明长安政府的

---

①（宋）司马光编著，（元）胡三省音注：《资治通鉴》卷218，唐肃宗至德元年（756年）八月条（北京：中华书局点校本1956年版，第6994页）：“（安）禄山闻向日百姓乘乱多盗库物，既得长安，命大索三日，并其私财尽掠之。又令府、县推按，铢两之物无不穷治，连引搜捕，支蔓无穷，民间骚然，益思唐室。”

②（宋）司马光编著，（元）胡三省音注《资治通鉴》卷218，唐肃宗至德元年（756年）七月条，北京：中华书局点校本1956年版，第6990页。

③（唐）姚汝能撰，曾贻芬点校《安禄山事迹》卷下（北京：中华书局点校本1983年版，第45页）：“安、史二凶羯，相继乱于范阳，安禄山以天宝十四载乙未十一月犯顺，史思明男朝义至宝应元年壬寅十二月为李怀仙所杀，二胡共扰中原凡八年，幽、燕始平。”

剥削率降低了，相反，而是相应增长了。杨炎所谓“迨至德（756—758 年）之后，天下兵起……科敛之名凡数百，废者不削，重者不去，新旧仍积，不知其涯”①，就是针对这一情况说的。只是当时财赋的收入，还赶不上军用的支出，也不可能建立一支庞大的禁军。当时百姓的生活，不是好转，而是愈益痛苦了。肃宗上元年间（760—761 年），在租庸使元载的建议下，唐政府对江淮人民进行了税外横取，“察民有粟、帛者发徒围之，籍其所有而中分之，甚者什取八九”②，像这样明目张胆地强取豪夺，当时叫作“白著”，“上元官吏务剥削，江、淮之人多白著”③，就指此。江淮百姓在惨重的压榨下，相聚山泽，发动一次次的起义斗争，向封建统治者猛烈进攻。代宗宝应元年（762 年），台州袁晁的起义，“民疲于赋敛者多归之”④，有众二十万，“转攻州县”⑤，震撼了东南半壁。代宗广德、永泰之际（763—765 年），陈庄、方清领导的以浮客为主体的起义，在歙、黟（今安徽祁门东）之间，“阻山自防”⑥，和官军展开激烈的斗争。

---

① （后晋）刘昫等撰：《旧唐书》卷 118《杨炎传》，北京：中华书局点校本 1975 年版，第 3421 页。

② （宋）司马光编著，（元）胡三省音注：《资治通鉴》卷 222，唐肃宗宝应元年（762 年）十月条，北京：中华书局点校本 1956 年版，第 7119 页。

③ （宋）司马光编著，（元）胡三省音注：《资治通鉴》卷 222 注文引《白著歌》，唐肃宗宝应元年（762 年）十月条，北京：中华书局点校本 1956 年版，第 7119 页。

④ （宋）司马光编著，（元）胡三省音注：《资治通鉴》卷 222，唐肃宗宝应元年（762 年）八月条，北京：中华书局点校本 1956 年版，第 7130 页。

⑤ （宋）司马光编著，（元）胡三省音注：《资治通鉴》卷 222，唐代宗广德元年（763 年）四月条，北京：中华书局点校本 1956 年版，第 7143 页。

⑥ （宋）欧阳修、宋祁撰：《新唐书》卷 146《李栖筠传》，北京：中华书局点校本 1975 年版，第 4736 页。

隋末刘元进的起义，是“三吴苦役者莫不响至，旬月众至数万”①，袁晁的起义，是“民疲于赋敛者多归之”②，虽然同是反封建剥削，但前者反对的是繁重的劳役地租，后者反对的是繁重的实物地租。反对繁重徭役，争取生存权利，是秦末到隋末农民起义的共同目标，唐代以后，农民起义的共同目标，是反对贫富不均，力求使自己成为一个不受封建制度约束的小生产者。袁晁起义，正开始反映了唐代以后农民起义的这个共同特色。

对于唐代历史上生产者人身依附关系由强化而减轻，封建地租由劳役地租开始向实物或货币地租的转化，往往把安史之乱看成是重要的分水岭，好像没有安史之乱，就不会有这些变革。其实唐代历史的这些重要变革，是南北朝以后广大农民长期斗争的结果，唐玄宗开元天宝之际已完成了这些变革。安史之乱，是以羯胡为中心的北方边塞各族的上层统治集团和唐王朝长安统治集团的斗争，这场斗争根本不可能完成这些变革。安史之乱，只能使黄河流域的农田水利遭到严重破坏，当时中原一带“人烟断绝，千里萧条”③，桑麻翳野的山东地区，已经“悉化戎墟”④。北方的生产技术，随着北方居民的避难江东，再度南播，长江流域的农业、手工业生产，从

---

① （唐）魏徵等撰：《隋书》卷 70《刘元进传》，北京：中华书局点校本 1973 年版，第 1623 页。

② （宋）司马光编著，（元）胡三省音注：《资治通鉴》卷 222，唐肃宗宝应元年（762 年）八月条，北京：中华书局点校本 1956 年版，第 7130 页。

③ （后晋）刘昫等撰：《旧唐书》卷 120《郭子仪传》，北京：中华书局点校本 1975 年版，第 3457 页。

④ （后晋）刘昫等撰：《旧唐书》卷 141《田弘正传》，北京：中华书局点校本 1975 年版，第 3850 页。

此逐渐超越北方。

（二）唐代藩镇割据势力的出现

中唐以后，在地主所有制发展的基础上，国家权力理宜继续强化，然而在当时特殊的条件下（即自府兵制瓦解后），长安政府还不能以国家财赋的收入去豢养一支招募来的中央禁军，却出现了藩镇的割据。

唐玄宗天宝（742—756 年）时凡屯戍边陲的边兵和安史之乱后驻扎内地的镇兵，统称官健，因为“兵农既分，县官[①]费衣粮以养军……犹言官所养健儿也”[②]。天宝元年（742 年）“天下健儿，团结、彍骑等，总五十七万四千七百三十三”[③]，其中边兵占了绝大部分，凡 49 万，而京畿一带的团结兵和彍骑则十分有限。长安政府要供应这 49 万边兵的衣粮，“每岁用衣二十万匹，粮百九十万斛”[④]。这样就出现了“公私劳费，民始困苦”[⑤] 的局面。但沿边的军备，一刻也不能松弛，遂使节度使可以权时应变，专制军事。

谋逆已久的安禄山，正利用这种独专方面的优势，以强大的阿布思武装力量，称兵倡乱。安史之乱后，安史余孽，相继称雄，河

① 按：这里的“县官”作天子或国家讲。

② （宋）司马光编著，（元）胡三省音注：《资治通鉴》卷 224 注文，唐代宗大历三年（768）十二月条，北京：中华书局点校本 1956 年版，第 7206 页。

③ （宋）司马光编著，（元）胡三省音注：《资治通鉴》卷 215 注引《通鉴考异》，唐玄宗天宝元年（742 年）正月条，北京：中华书局点校本 1956 年版，第 6851 页。

④ （宋）司马光编著，（元）胡三省音注：《资治通鉴》卷 215，唐玄宗天宝元年（742 年）正月条，北京：中华书局点校本 1956 年版，第 6851 页。

⑤ （宋）司马光编著，（元）胡三省音注：《资治通鉴》卷 215，唐玄宗天宝元年（742 年）正月条，北京：中华书局点校本 1956 年版，第 6851 页。

朔三镇的割据势力，也正式开始了。

长安政府为了削平河朔三镇割据势力，在内地也置节度使。节度使的军队随着战争的频繁，与日俱增，由从前的 49 万到唐德宗建中元年（780 年）增加为 76. 8 万余①，宪宗元和二年（807 年）增为 83 万余②，穆宗长庆年间（821—824 年）增为 99 万，“通计三户资奉一兵”③。要豢养偌大的军队，对于刚刚由征兵制走上募兵制的唐帝国来说，确实是一笔很大的开支。府兵制毁废后，节度使既可以独占方面，到安史之乱后，又进一步把地方财赋除了上供、留州外，还可以任意征调，于是“方镇不得不强，京师不得不弱”④。节度使中有野心的，只要一天有了独立力量，就可以脱离长安，割据称雄。而且安史之乱后，长安政府以藩镇的军队去讨伐叛逆的事，几乎每年都有，而受命讨逆的军队，只要一逾过本境，便须给以额外的供馈。唐德宗建中（780—783 年）初年，供馈一项，一年便须 1560 余万贯。当时岁入的钱数，不过 1600 万贯，为了应付其他用途，于是除了正赋，再以和籴、榷利、借商、进奉、宣索等名目向百姓重重苛敛。

所以安史之乱后，一方面既有节度使以地方财赋的大部分用作常年衣粮，另一方面又有长安政府讨逆时的额外供馈，这两笔经费，

---

① （宋）司马光编著，（元）胡三省音注：《资治通鉴》卷 226，唐德宗建中元年（780 年）十二月条，北京：中华书局点校本 1956 年版，第 7291 页。

② （宋）司马光编著，（元）胡三省音注：《资治通鉴》卷 237，唐宪宗元和二年（807 年）十二月条，北京：中华书局点校本 1956 年版，第 7648 页。

③ （宋）王钦若等编：《册府元龟》卷 486《邦计部 · 户籍》，北京：中华书局影印本 1960 年版，第 5814 页。

④ （宋）欧阳修、宋祁撰：《新唐书》卷 50《兵志》，北京：中华书局点校本 1975 年版，第 1328 页。

都由百姓来负担，这就是府兵制毁废后，长安政府因养兵而加给人民的沉重负担了。

中唐以后，由于生产者人身依附关系的相对减轻而引起的劳动生产率的提高，必然使统治者的剥削有增无已。唐代的农业亩产量平均比汉代增长一倍以上，而田租户税的剥削率，数倍于汉。唐德宗建中元年（780 年）由杨炎建议而颁布的两税法，是“每州各取大历（766—779 年）中一年科率钱谷数最多者，便为两税定额”[①]，已表明了中唐以后剥削率的增长。到了宋代，则诚如郑樵说的“不知所以加于大历中一年之多，数目复几倍乎”[②]？所以中唐以后，剥削率的增长，适足以使统治者有可能因生产者的摆脱兵役去雇佣一支庞大的常备军，来镇压生产者因不堪残酷的剥削而引起的反抗。但是自府兵制毁废后，国家既然须出养兵之费，军队的扩充，便不能漫无限制；而唐朝自唐玄宗天宝（742—756 年）以后，初则由于边防的需要，边兵在不断扩充，继则由于中原用兵，内地节度使的镇兵也在不断扩充。尽情搜刮财赋，也不够军用的开支，禁军既寡弱，节度使又可以军事、财赋自擅，地方割据的势力也就不可收拾了。

所以，中唐以后，边兵的强大和地方割据势力的出现，是根源于府兵制毁废后，长安政府财赋的收入，既不足以建立一支强大的中央禁军，也不足以给养当初设置沿边以戍边境的边兵和后来设置

① （唐）陆贽撰，刘泽民点校：《陆宣公集》卷 22《均节赋税恤百姓》第一条《论两税之弊须有厘革》，杭州：浙江古籍出版社 1988 年版，第 244 页。

② （宋）郑樵撰：《通志》卷 61《食货》一，北京：中华书局影印本 1987 年版，第 739 页。

内地以御藩镇的镇兵。在这样的条件下，遂使节度使可以“收刺史、县令之权，自作威福”①，只要这一条件存在一天，地方割据的势力也就必然存在，长安政权也就必然不可能实行真正的中央集权。

（三）受基本经济条件制约的藩镇割据

安史之乱后，唐代长安政权以为国家“法令所不能制者，河南、北五十余州”②，好像除了河朔三镇和淄青、横海（今河北沧州）、宣武、淮蔡等明目张胆地脱离长安的强藩以外，其他如东南财赋八道和四川、荆襄、关内、岭南诸地的藩镇，则依然奉事朝廷，受长安政权的直接控制。其实这种控制，也只是表面的、暂时的。因为只要足以形成割据的特殊条件没有消失，那么，尽管在表面上奉事朝廷，而割据的可能性却依然存在。黄巢起义后，长安政权因受沉重打击，已摇摇欲坠，皇朝的权力，诚如唐昭宗说的“今诏令不出城门，国制桡弱”③，于是从前向长安表示顺命的藩镇，也像河北藩镇一样，纷纷割据。中国历史到此才走上了五代十国分崩离析的局面。

中唐以后，在特殊的条件下，虽然出现了地方割据，但是足以使中央政权强化的基本条件，也就是作为庶族地主土地所有制主要内容的生产者人身依附关系的减轻这一条件却未曾消失，因而国家权力之走向统一和强化也像自然规律一样运行着。中唐以后，在这

① （宋）司马光编著，（元）胡三省音注：《资治通鉴》卷241，唐宪宗元和十四年（819年）三月条，北京：中华书局点校本1956年版，第7768页。

② （宋）司马光编著，（元）胡三省音注：《资治通鉴》卷238，唐宪宗元和七年（812年）三月条，北京：中华书局点校本1956年版，第7689页。

③ （宋）欧阳修、宋祁撰：《新唐书》卷96《杜如晦传·附让能传》，北京：中华书局点校本1975年版，第3865页。

一基本条件下，国家权力之应当走向统一和强化，自是历史的必然性，而在特殊条件下所出现的地方割据，则是历史的偶然性。地方割据的出现，并不意味着在庶族地主土地所有制发展基础上促使国家政权之走向统一和强化这一必然性已经消失，而只是由于偶然性的存在，使它不能按照原来的面貌表现而已。恩格斯在《路德维希·费尔巴哈和德国古典哲学的终结》里说过：

> 在表面上是偶然性在起作用的地方，这种偶然性始终是受内部的隐蔽着的规律支配的，而问题只是在于发现这些规律。①

中唐以后，国家政权之走向强化这一必然性，虽然不能鲜明地表现出来，但却有力地支配着地方割据这一偶然性，因为当时以人身依附关系的减轻为主要特色的庶族地主所有制，既然是地主土地所有制的主要形式，那么在这一基础上所建立的藩镇割据政权，也就必然是代表庶族地主利益的政权，而庶族地主的封建特权由于生产者人身依附关系的减轻而削弱，那么，在每个割据势力范围内的藩镇政权也就必然是集权政权。正因为中唐以后每个割据的藩镇政权，都是集权政权，所以强藩大镇可以在他的势力范围内厉兵缮甲，对人民进行残酷的统治与剥削。

再就安史之乱后的户口来看，由天宝十三载（754 年）的 900 万户，到广德二年（764 年）骤减为 290 多万户，此后却始终没有恢复唐玄宗天宝时的极盛之数。连年战乱而造成的死丧，固然是一个重

---

① 恩格斯：《路德维希·费尔巴哈和德国古典哲学的终结》，《马克思恩格斯选集》第 4 卷，北京：人民出版社 1972 年版，第 243 页。

要原因，但同时，安史之乱后，不受唐王朝节制的藩镇，“不禀朝旨，自补官吏，不输王赋”①，受他们控制的户口，没有划入国家户籍，也是一个不容忽视的原因。

《资治通鉴》卷237宪宗元和二年（807）十二月条：

> 是岁，李吉甫撰《元和国计簿》上之，总计天下方镇四十八，州府二百九十五，县千四百五十三。其凤翔、鄜坊、邠宁、振武、泾原、银夏、灵盐、河东、易定、魏博、镇冀、范阳、沧景、淮西、淄青等十五道七十一州不申户口外，每岁赋税倚办止于浙江东西、宣歙、淮南、江西、鄂岳、福建、湖南八道四十九州，一百四十四万户，比天宝税户四分减三。

可见安史之乱后，不申户口、不纳赋税的藩镇凡15个。以江淮为国命的东南八道的户数为144万，而元和户数“总二百四十四万二百五十四”②，这244万余户，除了包括东南八道的户口，自然还包括京畿、河南、山南东、山南西、剑南、岭南等道的户口，却不包括不归国家户籍的藩镇户口。藩镇户口的不入户籍，正是安史之乱后唐代户口之所以不能恢复天宝极盛之数的原因之一。因此，如果把安史之乱后看似骤然减少的户口，当作唐代全国范围的实际户口，从而断定社会生产的衰退，显然也是不够恰当的。

安史之乱后唐帝国社会生产的突出表现是黄河流域开始衰退了，

---

① （后晋）刘昫等撰：《旧唐书》卷142《李宝臣传》，北京：中华书局点校本1975年版，第3866页。

② （宋）司马光编著，（元）胡三省音注：《资治通鉴》卷237唐宪宗元和二年（807年）条注引宋白语，北京：中华书局点校本1956年版，第7647页。

南部中国，特别是租赋所出的江淮，却显得繁荣。而黄河流域的衰退，也只是与江淮相比较而言，衰退之中，仍有复苏乃至兴旺的倾向。

下面试就魏博节度使田承嗣而论，在他所管辖的魏（今河北大名东南）、博（今山东聊城）、相（今河南安阳）、卫（今河南汲县）、洺（今河北永年）、贝（今河北清河西）、澶（今河南濮阳北）七州之地，史称“重加税率，修缮兵甲，计户口之众寡，而老弱事耕稼，丁壮从征役，故数年之间，其众十万”①。盘踞山东的李正己，是“用刑严峻，所在不敢偶语，然法令齐一，赋均而轻，拥兵十万，雄据东方，邻藩皆畏之”②。

在这种割据势力范围之内，藩镇固然可以自作威福，就是那些表面上奉事朝廷尚未公开割据的节度使或观察使③，也是“权势不胜其重，能生杀人，或专私其所领州，而虐视其支郡”④。这种情形，到了唐末，更是明显，宋代王栐在《燕翼贻谋录》对此有一段精辟的论述：

唐末，藩镇诸州，听命帅府，如臣之事君。虽或因朝

① （后晋）刘昫等撰：《旧唐书》卷141《田承嗣传》，北京：中华书局点校本1975年版，第3838页。

② （宋）司马光编著，（元）胡三省音注：《资治通鉴》卷225，唐代宗大历十二年（777年）十二月条，北京：中华书局点校本1956年版，第7250页。

③ （宋）司马光编著，（元）胡三省音注：《资治通鉴》卷220，唐肃宗乾元元年（758年）五月条，北京：中华书局点校本1956年版，第7053页。

④ （宋）洪迈撰，孔凡礼点校：《容斋随笔·容斋三笔》卷7《唐观察使》，北京：中华书局2005年版，第509页。

命除授，而事无巨细，皆取决于帅，与朝廷几于相忘。[①]

如果说中唐以前，由于长安中央政权的强化，士大夫独重内（官）轻外（职），那么，中唐以后，由于地方政权的强大，士大夫却又重外轻内了。

当时以集权政权为内容的藩镇割据政权，自然不能和魏晋南北朝时期带有分割性的割据政权相等同，后者由于世族封建特权的强烈，不可能实行真正的集权，前者由于封建特权的削弱，遂使强藩大镇可以在自己的割据势力范围之内，行施集权。所以因特殊条件而出现的藩镇割据，虽然和当时应使国家政权之走向统一和强化这一历史必然性不相适应，但它却始终受着历史必然性的强力支配。只要等到足以形成地方割据势力的特殊历史条件逐渐消失了，国家政权之走向统一和强化，也就可以比较明显地表现出来。北宋以后，统一的汴京集权政权的徐徐出现，情形正是如此。

① （宋）王栐撰，孔一校点：《燕翼诒谋录》卷1《藩镇属州直隶京师》，上海古籍出版社编：《历代笔记小说大观·宋元笔记小说大观》第5册，上海：上海古籍出版社2007年版，第4589页。

六、中唐以后两税法的创设、封建经济领域内商品经济的发展和封建剥削率的增长

（一）两税法的创设

唐代在武曌、玄宗开天之际，庶族地主所有制已取代世族地主所有制而兴起。这一变革，是个漫长的阶级斗争过程，在这过程中，生产者的人身依附关系已相对减轻，劳动生产率已相应提高，足以体现生产力发展的商品生产，在封建经济领域内，也显得徐徐活跃。在商品生产逐渐发展的过程中，由于商业资本对世族地主庄园经济和小农经济的腐蚀兼并，一方面声高冠带的世族之家，在累叶陵夷，一方面广大的均田户也在日益困穷。武曌以后，高门世族的山墅、别业和广大均田户的口分、世业之田，大部分已变为庶族地主的良田美庄，广大的均田户和固着于世族地主庄园之内的佃客、衣食客、僮客等，大部分已变为庶族地主庄园的客户。而因为均田制的瓦解，直接影响唐政府的税收增加，所以唐玄宗天宝十一载（752 年）有《禁官夺百姓口分、永业田诏》的颁布。玄宗《禁官夺百姓口分、永

业田诏》略云：

如闻王公百官，及富豪之家，比置庄田，恣行吞并……爰及口分、永业，违法卖买，或改籍书，或云典贴，致令百姓无处安置，乃别停客户，使其佃食。[①]

唐玄宗《禁官夺百姓口分、永业田诏》的目的，虽然在于禁止口分、永业的买卖，但在“商贾积滞，富豪藏镪，兼并之人，岁增储蓄，贫素之士，日有空虚”[②] 的历史条件下，土地兼并只有日趋激烈，从前向政府缴纳租庸调的课户，只有不断破产，沦为客户。租庸调制在当时实则已形同虚设，《新唐书·食货志》说得好：“盖口分、世业之田坏而为兼并，租庸调之法坏而为两税。”[③] 可见地主所有制的发展以及因地主所有制的发展而引起的均田制的瓦解，租庸调制的破坏和两税法的产生，都是一连并起的事情，而地主所有制的发展，则是由于商品生产的发展而引起的土地兼并的必然结果。

在均田制时期，长安政府可以向每一课户（主要是农户）的丁男、中男征收租庸调物。到了均田制破坏以后，农户大多沦为客户，交纳租庸调的税额也相应减少；长安政府为了不使税收减少，于是到代宗时将租的部分，由按丁征收改为按亩征收，收的是谷物；庸调部分，则并入户税，由按丁征收改为按户征收，收的是钱币。安史之乱后，“兵兴，财用益屈，而租庸调法弊坏。自代宗时，始以亩

① （清）董诰等编：《全唐文》卷 33，玄宗：《禁官夺百姓口分、永业田诏》，北京：中华书局影印本 1990 年版，第 156 页。

② （清）董诰等编：《全唐文》卷 279，杨虚受：《请禁恶钱疏》，北京：中华书局影印本 1990 年版，第 1250 页。

③ （宋）欧阳修、（宋）宋祁撰：《新唐书》卷 51《食货志》一，北京：中华书局点校本 1975 年版，第 1342 页。

定税，而敛以夏、秋”①。按亩征收田租，据《资治通鉴》卷233永泰元年（765年）五月条所载：“畿内麦稔，京兆尹第五琦请税百姓田，十亩收其一”②，应始于唐代宗永泰元年（765年）。“十亩收其一”，也就是亩税什一，当时称为什一税法。所谓“敛以夏、秋”，并非是每亩土地作夏秋两征，而是按土地所出产的主要农作物——如夏麦秋粱——季节性的不同，作夏、秋两征的意思。

至于按户征收庸调，实则也犹如按户征收户税。户税的起源很早，远在高宗、武曌时已经创设，但当时只是租庸调以外按户等高下出税，用作官人俸料的一种附加税，收的是钱币。随着租庸调制的逐渐破坏，户税的地位也渐趋重要，而按户税钱的户税，当时称为两税。正如代宗《免京兆府税钱制》所言的：

> 国家计其户籍，俾出泉货，著在令典，谓之两税，天下通制，行之久矣。③

代宗时，由于租庸调制的激烈瓦解，于是一方面于永泰元年（765年）将租的部分由按丁征收改为按亩征收，一方面于大历四年（769年）提高户税税率，户税税率的提高，是由于庸调部分的并入两税，从而也使户税由附加税的地位转变而为主要的赋税。值得注意的是，按大历四年提高户税税率的诏令，征税的对象不仅包括官

① （宋）欧阳修、宋祁撰：《新唐书》卷52《食货志》二，北京：中华书局点校本1975年版，第1351页。

② （宋）司马光编著，（元）胡三省音注：《资治通鉴》卷225，唐代宗永泰元年（765年）五月条，北京：中华书局点校本1956年版，第7175页。

③ （清）董诰等编：《全唐文》卷414，常兖：《免京兆府税钱制》，北京：中华书局影印本1990年版，第1879页。鞠清远：《唐代财政史》，上海：商务印书馆民国二十九年（1940年）版，第23页。作者鞠清远先生是最先引用这一材料者。

僚、地主、商贾和工农业生产者，而且还包括诸色浮人和寄庄户、寄住户等一类名称的客户，客户中那些因罢官而寄住别州的衣冠户[①]，即所谓寄住户、寄庄户，毕竟只是少数，大多数应是那些因丧失土地而依托豪强以为私属的浮户流人。[②]依托豪强以为私属的客户，原来只是向地主交纳私租，并不负担国家的公赋，但现在却明文规定有负担户税的义务了，这就充分反映了当时土地兼并的激烈程度。

代宗时，田租代替了丁租，户税代替了庸调，关于户税代替庸调的最好证据，要算陆贽《均节赋税恤百姓》第一条《论两税之弊须有厘革》所说的了。陆贽说：

> 至如赋役旧法，乃是圣祖典章，行之百年，人以为便。兵兴之后，供亿不恒，乘急诛求，渐毁经制……扫庸调之成规，创两税之新制。[③]

在唐代均田制时期征取百姓的租庸调物，虽以身丁为本，但田租所收的是谷物，庸调所收的是绢帛，前者是男子在田间的劳动生产物，后者是妇女在家内的劳动生产物，“有田则有租，有家则有调”[④]。田租、户调原是魏晋以来两项重要的赋税，隋唐因北朝旧制，调和租的征收，都以丁为对象，但绢帛的生产却仍然是家内妇女的生产，名为丁调，实则和户调并无二致；所不同的，按丁征调，若

---

① （清）董诰等编：《全唐文》卷78，武宗：《加尊号后郊天赦文》，北京：中华书局影印本1990年版，第357—358页。

② （清）董诰等编：《全唐文》卷372，柳芳：《食货论》，北京：中华书局影印本1990年版，第1671页。

③ （唐）陆贽撰，刘泽民点校：《陆宣公集》卷22，《中书奏议》六《均节赋税恤百姓》第一条《论两税之弊须有厘革》，杭州：浙江古籍出版社1988年版，第244页。

④ （唐）陆贽撰，刘泽民点校：《陆宣公集》卷22，《中书奏议》六《均节赋税恤百姓》第一条《论两税之弊须有厘革》，杭州：浙江古籍出版社1988年版，第243页。

一户有两丁，则比按户征调，剥削量必定有所增加。至于唐代的庸，虽为徭役，但不役者，可以绢代替，所以和调同属一类。丁租、庸、调三者，租是一类，庸、调又是一类。租庸调制既经破坏，所以租的部分，改为按亩征收，庸、调部分则改为按户征收。

代宗时，丁租庸调虽然分别为田租户税所代替，但租庸调制在两税法尚未颁布以前，却依然作为残余而保留。和租庸调制同时并存的，还有自安史之乱后随着租庸调制瓦解而陆续设立的名目繁多的新税。到德宗建中元年（780年）正式颁布两税法时，才把这种名目繁多的新税，一一并入户税，由按丁征收改为按户征收。所以由租庸调制之变为两税法，并非因唐德宗用杨炎的建议而仓促完成，而是随着土地所有制的变革逐步完成的。德宗建中元年（780年）正式颁布两税法时，又把安史之乱后陆续增设的新税并入户税，这一户税就是两税法中所规定的两税。

唐德宗建中元年颁布两税法的《诏令》主要内容是：

> 宜委黜陟使与观察使及刺史转运所由，计百姓及客户，约丁产，定等第，均率作年支两税……其比来征科色目，一切停罢。[①]

两税既然按人户等级征收，征的自然是沿袭从前的户税，不过到了这时，又把诸色名目的新税并入户税。事实上，也只有按户等高下征税，才能把国家赋税的一部分由豪富之家负担，从而减轻农户的负担，表明了两税法的进步意义。同时，也只有以户税为两税

① （宋）王溥撰：《唐会要》卷83《租税》上，上海：上海古籍出版社点校本2006年版，第1818页。

的内容，才能真切地反映两税法产生的历史背景。因为自中唐以后，随着土地的激烈兼并，均田制的激烈瓦解，庶族地主所有制的迅速发展，大多数的农户已经沦为客户，长安政府为了维持税收，便须将安史之乱前处于次要地位的户税的税率逐渐提高，剥削对象逐渐扩大到客户，使户税成为当时主要的赋税。中唐以后，客户却负担国家部分的公赋，这正表明他们在政治上已有和农民中的主户处于平等地位的倾向，从而也表明了人身依附关系的减轻，而人身依附关系的减轻，又必然导致劳动生产率的提高，封建剥削率的增长和地主所有制的发展，在地主所有制发展的基础上产生的两税法，由于税及客户却正好反映了这些重要的变革。

（二）中唐以后封建经济领域内商品经济的发展

安史之乱后，封建经济领域内的商品生产在继续发展，之所以有此发展，归根结底，则是由于生产者人身依附关系的相对减轻，在人身依附关系相对减轻的条件下，才使生产者有较多的自由来改进生产，有较多的剩余产品来从事交换，从而也必然会引起农业、手工业的进一步分工，引起城市手工业的进一步发展，而商品生产的发展，又必然引起土地兼并的激烈，地主所有制的发展。所以中唐以后，因人身依附关系的减轻而引起的封建经济的发展，实则也正是地主所有制的发展。

安史之乱后，反映封建经济领域内商品经济发展的，主要是商业都市的兴起。当时河北、山东的全部以及河东、河南的一部分，虽为安史余孽所盘踞，而长安政府所仰以自给的还保有四川、荆、湖、闽、广和江淮这些区域，这些区域内除了扬州在肃宗上元元年

（760 年）曾为田神功的军队一度骚扰而立即复兴外，其他大部分都没有受到战乱余波的影响，因而农村和都市的经济也未曾遭到破坏，农业生产和手工业生产在原有的基础上仍较前为发达，而商品交换也较前为蓬勃，尤其是江淮和四川最为繁荣。

先就扬州而论，扬州是中唐以后有名的淮甸大郡，江淮区域的海盐大部分集中于扬州；铜器、青铜镜[①]也是扬州当地的名产。与此同时，扬州还是南北交通的枢纽，所有荆、湖、江淮、岭南的物产大都在扬州集散，杜牧称“扬州大郡，为天下通衢”[②]，这里藏镪千万的商贾，“动逾百数”[③]，可见其商业活动的频繁。

洪州（今江西南昌市）是“江、淮之间一都会”[④]，凡西域和岭南的货物，大都从广州越大庾岭取水道到洪州，再由洪州沿江而东。洪州的瓷器在唐代已很驰名，陆羽《茶经》以洪瓷为雅器，唐玄宗天宝二年（714 年）的那次变造细货，洪州上供的便是名瓷、酒器、茶釜、茶樽、茶碗，等等。

江南的苏州、杭州也是中唐以后的新兴都市。据《吴郡图经续记》称，吴郡在唐代有吴、长洲、嘉兴、昆山、常熟、海盐、华亭等七邑，苏州已经“号为雄郡”。李华《杭州刺史厅壁记》描述安史

① （宋）欧阳修、（宋）宋祁撰：《新唐书》卷 41《地理志》五，北京：中华书局点校本 1975 年版，第 1051 页。

② （清）董诰等编：《全唐文》卷 753，杜牧：《上宰相求湖州启》第二启，上海：上海古籍出版社影印本 1990 年版，第 3458 页。

③ （宋）李昉等编《太平广记》卷 290《吕用之》条引《妖惑志》（北京：中华书局点校本 1961 年版，第 2304 页）：“……时四方无事，广陵为歌钟之地，富商大贾，动逾百数。”

④ （宋）李昉等编：《太平广记》卷 403《紫靺鞨》条引《广异记》，北京：中华书局点校本 1961 年版，第 3251 页。

之乱后杭州的商业已很繁荣：

> 杭州东南名郡，后汉分会稽，为吴郡钱塘属。隋平陈，置此州。咽喉吴越，势雄江海，国家阜成，兆人户口日益，增领九县……骈樯二十里，开肆三万室。[①]

杜牧称宪宗元和时代（806—820年）的杭州为江南“大郡”，“户十万，税钱五十万”缗。[②] 苏、杭二州不但有海盐之利，而且还是纺织业的中心，丝绵、绯绫、吴绢等，便是苏、杭名产。

浙东的越州（今浙江绍兴）是瓷器和绫绢的出产地，越州的瓷器，唐代人陆羽在《茶经》认为质地如玉，色光如冰，其制作之精、色泽之美，还在洪州之上。唐代诗人郑谷《送吏部曹郎中免官南归》诗云“篋重藏吴画，茶新换越瓯”。另一位唐代诗人韩偓《横塘》诗中亦云“蜀纸麝煤添笔媚，越瓯犀液发茶香”。可见越瓯之名已满天下。江南的宣州（今安徽宣城）是造纸的中心，唐玄宗天宝二年（743年）的那次变造，宣州上供的便是案纸，而冶铸和纺织在宣州也很发达；开元（713—741年）以来宣州一地，“封方数百里，而铜陵铁冶繁阜乎其中”[③]。唐代人李肇在《唐国史补》记载：“宣州以兔毛为褐，亚于锦绮，复有染丝织者尤妙，故时人以为兔褐真不如假也。”[④] 宣州红毯的制作更是精致，白居易的那首《宣州红线毯》

---

① （清）董诰等编：《全唐文》卷316，李华：《杭州刺史厅壁记》，上海：上海古籍出版社影印本1990年版，第1417页。

② （清）董诰等编：《全唐文》卷753，杜牧：《上宰相求杭州启》，上海：上海古籍出版社影印本1990年版，第3459页。

③ （清）董诰等编：《全唐文》卷438，陈简甫：《宣州开元以来良吏记》，上海：上海古籍出版社影印本1990年版，第4462页。

④ （唐）李肇：《唐国史补》卷中，上海：上海古籍出版社标点本1957年版，第65页。

诗有“彩丝茸茸香拂拂，线软花虚不胜物……太原毯涩毳缕硬，蜀都褥薄锦花冷[1]”之句，可见宣州红毯以温暖柔软见胜。

唐代山南的荆州（今湖北江陵）是全国纺织业的中心[2]，长安、江淮、河朔的商客在荆州贸易的颇不乏人[3]，在唐末未经沙陀的破坏以前，荆州始终是长江中游一个人物繁阜的都市，《资治通鉴》乾符五年（878年）正月条记载“江陵城下旧三十万户”[4]，便是明证。汉水流域的襄阳是漆器的产地，“山南诸州椒漆为利”[5]，山南诸州的制漆技术以襄阳为最精巧，《唐六典》记载的“襄州乌漆碎石文漆器[6]”，便是一种在乌漆器之上镶以螺钿作为装饰的工艺品，花色细致，可供赏玩。

成都是四川一带井盐的集中地，同时又是织锦、杼布、蔗糖的主要产地[7]，单丝碧罗上绣着花纹的蜀锦章彩奇丽，是当时名贵的贡品。王建《织锦曲》中有“锦江水涸转多，宫中尽着单丝罗”的诗句。织锦户成为成都的一种专业户等，织工的数目也很可观，唐文

① （唐）白居易撰，朱金城笺注：《白居易集笺校》卷4《讽喻四·红线毯：忧蚕桑之费也》，上海：上海古籍出版社1988年版，第222页。

② （宋）欧阳修、（宋）宋祁撰：《新唐书》卷40《地理志》四，北京：中华书局点校本1975年版，第1027页。

③ （宋）李昉等编：《太平广记》卷499《郭使君》条引《南楚新闻》，北京：中华书局点校本1961年版，第4097页。

④ （宋）司马光编著，（元）胡三省音注：《资治通鉴》卷253，唐僖宗乾符五年（878年）正月条，北京：中华书局点校本1956年版，第8195页。

⑤ （清）董诰辑：《全唐文》卷269《张廷珪〈请河北遭旱涝州准式折免表〉》，北京：中华书局影印本1982年版，第1208页。

⑥ （唐）李林甫等撰，陈仲夫点校：《唐六典》卷3《户部尚书·户部郎中》，北京：中华书局1992年版，第68页注文。

⑦ （宋）欧阳修、（宋）宋祁撰：《新唐书》卷42《地理志》六，北京：中华书局点校本1975年版，第1079页。

宗太和三年（829 年）南诏酋帅嵯颠攻陷成都时，“掠子女、工技数万引而南……南诏自是工文织，与中国埒”①，便可想见。都市的繁华，也并不亚于扬州，卢求《成都记·序》如此描述：

> 大凡今之推名镇为天下第一者曰扬、益（今四川成都市），以扬为首盖声势也。（成都）人物繁盛，江山之秀，罗锦之丽，管弦歌舞之多，伎巧百工之富，扬不足以侔其半。②

岭南的广州是南方竹、布、藤、簟、药材等特产的集散地，商贾往返络绎不绝，唐代陆贽文中称“广州地当要会，俗号殷繁，交易之徒，素所奔凑”③。广州不但是唐代国内的著名都市，亦是国际的著名商港，西亚商人航海而东的大都在广州碇泊，西方的香料、象牙、玳瑁等商品，也都在广州集散。韩愈《送郑尚书·序》指出，广州“外国之货日至，珠香象犀玳瑁奇物溢于中国，不可胜用”④，广州在当时之繁荣，可见一斑。

综上所述，安史之乱后，江、淮、荆、襄、成都、岭南地区，商业都市呈现出一派繁荣景象，而商业都市的繁荣，也正足以象征商品生产有了一定程度的发展，而都市之中，从事手工业生产的各种手工作坊，如染坊、纸坊、机家，等等，也往往见于唐代文献。

---

① （宋）欧阳修、（宋）宋祁撰：《新唐书》卷 222 中《南蛮传》，北京：中华书局点校本 1975 年版，第 6282 页。

② （清）董诰辑：《全唐文》卷 744，北京：中华书局影印本 1982 年版，第 7702 页。

③ （唐）陆贽撰，刘泽民点校：《陆宣公集》卷 18《中书奏议》二《论岭南请于安南置市舶中使状》，杭州：浙江古籍出版社 1988 年版，第 186 页。

④ （唐）韩愈撰，马通伯校注：《韩昌黎文集校注》卷 4《序·送郑尚书序》，上海：古典文学出版社 1957 年版，第 166 页。

但唐代都市的繁荣，主要还只限于商业，却不是手工业。都市之中，虽也有来自农村的独立手工业者从事于工艺的生产，但他们一般都比较贫穷，没有经济实力经营大规模的手工作坊。像《朝野佥载》所记定州何名远家有绫机500张的那样大型的纺织作坊①，在唐代文献中却很少见，他们只是集中少数的同行，经营小规模的作坊，受邸店豪商的榨取，或者以自己的工具受官家豪富的雇佣。至于城市的富裕行东或作坊主，当时还不多见，主要还是来自农村，构成城市的上层阶级也只限于官僚、地主、商贾，官僚、地主、商贾共同以城市为据点，借买贱鬻贵、高利盘剥、征收赋税的方式，对农村的手工业者和农民进行剥削。所以安史之乱后，江、淮、荆、襄、成都、岭南地区商业都市之所以繁荣，其实乃是都市对农村进行经济剥削的必然结果。

（三）封建剥削率的增长

应当说，在生产者人身依附关系相对减轻的前提下引起的商品货币关系的发展，是安史之乱后唐代封建经济的一个特色。中唐以后，封建经济领域内商品生产的发展，必将导致封建剥削率的增长。唐代两税法虽按户等高下征税，把国家赋税的一部分由豪富之家负担，从而在一定程度上减轻了农户的负担，但推行不久，却加深了劳动人民的痛苦。

初定两税时，两税的税额并未因物价的变动而变动，百姓为交

① （唐）张鷟撰，赵守俨点校：《朝野佥载》卷3，北京：中华书局点校本1979年版，第75页。

纳两税，必须把绢帛折成钱币，唐德宗建中（780—783 年）以后，物价继续下降，据陆贽《均节赋税恤百姓》第一条的记载，建中元年原来 3200 文一匹的绢，到贞元十年（794 年）变成 1600 文一匹，而两税的税额如故，这样百姓的实际负担便无形增加了两倍。贞元十年以后物价继续下降，百姓的负担也继续加重，宪宗元和十五年（820 年），单就绢价一项而论，比建中元年就要降低三倍以上。这样百姓的负担也便增加了三倍以上。[①]《新唐书》卷 52《食货志》二对此的总结是：

> 盖自建中定两税，而物轻钱重，民以为患，至是（元和十五年）四十年，当时为绢二匹半者，为八匹，大率加三倍，豪家大商，积钱以逐轻重，故农人日困，末业日增。

唐德宗建中以后，物价之所以下降，并非由于社会生产的发展，相反地，由于战乱频仍，部分地区呈现出社会生产的衰退，社会购买力呈现低落，商品流通相应减缩，从前在市场上流通的大量货币，到了这时，也就为政府和私家作社会财富储蓄起来。建中以后，政府向百姓普遍地征收税钱，以及富商大贾的埋藏金银，销钱铸器，便是储蓄货币的具体表现。正由于公家和私家普遍储蓄货币，使货币在市场上流通的数量相应减少，从而形成钱重物轻的现象。在钱重物轻的现象之下，商贾大族可以蹯财役贫，把储蓄货币作为剥削百姓的一种手段，百姓为了交纳两税，又必须把自己的生产物换成货币，受商贾大族的中间剥削，而两税的税额，并未因物价的下降

---

① （唐）陆贽撰，刘泽民点校：《陆宣公集》卷 22《中书奏议》六《均节赋税恤百姓》第一条《论两税之弊须有厘革》，杭州：浙江古籍出版社 1988 年版，第 246 页。

而下降，这样自然加重了百姓的负担。

长安政府为了减轻百姓的负担，虽也特地定出了一个超过市价的价格——省估，也称虚估，以便百姓交纳两税时，可以用虚估折价，但地方税吏却都贪婪自肥，以虚估的部分献给中央，以实估的部分作为私产。《资治通鉴》卷237宪宗元和三年（808年）九月条强调的是：

> 建中初定两税，货重钱轻，是后货轻钱重，民所出已倍其初，其留州、送使者，所在又降省估就实估，以重敛于民。

结果得利的是官僚，吃亏的是百姓，长安政府因为知道自己所得的是虚估，不是实估，便索性以虚估的部分用作和籴[①]。所谓和籴，原是政府以公款收购农产品的意思，唐玄宗开元时，西北置重兵，粮秣不足，河西节度使牛仙客为相，遂建议广收关中区域的粟米以给边军，和籴在当时是一种因地制宜、权时救急的变通办法。后来由于均田制的瓦解，大多数农户降为客户，田租的收入已大大减少，长安政府为了弥补这一损失，便把昔日推行于西北一隅作为权时之宜的和籴之法，变为国家经久之制，普遍地推行到全国了。政府虽然规定“加价收籴”[②]，也只是一句官样文章，因为事实上政府向百姓收籴农产品时，不但不按时价加价，而且给的还是虚价，不是实价，前面说的“以虚估的部分用作和籴”，也便是这一意思。

---

① 刘淑珍：《中晚唐之估法》，载北平研究院史学研究所编辑《史学集刊》第6期，中国科学院1950年，第59—90页。

② （宋）王钦若等编：《册府元龟》卷502《邦计部·平籴》，北京：中华书局影印本1960年版，第6015页。

这样百姓不但因物价渐贱，所纳渐多，且因政府以虚估支给和籴的价格，而更增添了一重负担。

不但如此，除两税以外，还有名目繁多的各种苛税，如税间架、除陌钱，等等。《资治通鉴》记载唐德宗建中四年（783 年）六月开始行税间架、除陌钱：

> 初行税间架、除陌钱法。……所谓税间架者，每屋两架为间，上屋税钱二千，中税千，下税五百。……所谓除陌钱者，公私给与及卖买，每缗官留五十钱，给他物及相贸易者，约钱为率。①

自行税间架、除陌钱后，一般贫民小商人和小生产者，不胜其扰，"怨讟之苦，嚣然满于天下"②。不仅如此，还有实行专卖的各种榷利，如榷盐、榷茶，等等。其中榷盐始于肃宗至德元年（756 年），政府可以在产盐的区域，设置盐官，收买盐户的产品，以高价卖给盐商，因为政府有权专卖，便可任意抬高盐价。自肃宗上元元年（760 年）以后，盐利一项不断增加。《旧唐书》卷 49《食货志》下如此记载：

> 洎刘晏掌国计……其法③益密，初年入钱六十万，季年（大历十四年即 779 年）则十倍。

盐利既增，盐价益贵，而受祸的依然是农民，《新唐书》卷 54《食货志》四记载："商人乘时射利，远乡贫民因高估，至有淡

---

① （宋）司马光编著，（元）胡三省音注：《资治通鉴》卷 228，唐德宗建中四年（783 年）六月条，北京：中华书局点校本 1956 年版，第 7346 页。

② （宋）王溥撰：《唐会要》卷 84《杂税》，北京：中华书局点校本 2006 年版，第 1831 页。

③ 按这里指榷盐之法。

食者。”

榷茶始于德宗贞元九年（793 年），政府可以在产茶区域，向茶户征收茶税，而茶税的税率，从贞元九年到文宗太和九年（835 年）的 42 年间，由 10%增加到 50%以上。由于茶税的增加，茶价也跟着上涨，最后吃亏的仍然是贫民。

中唐以后的百姓，在各种横征暴敛的豪夺之下，生活贫困，自不必说，其中受苦最深受祸最酷的，又是卖田鬻庐的广大农户。他们终岁勤劳，不得一饱，一旦遇到凶荒，便只有颠沛流离，一家一村地逃亡。农户的逃亡，促进了土地的兼并，代宗、德宗以后，兼并的趋势已很激烈。陆贽如是说：

> 今（贞元时）制度弛紊，疆理隳坏，恣人相吞，无复畔限，富则兼地数万亩，贫者无容足之居，依托强豪，以为私属，贷其种食，赁其田庐，终年服劳，无日休息，罄输所假，常患不充。有田之家，坐食租税，贫富悬绝，乃至于斯，厚敛促征，皆甚公赋。①

而兼并的激烈，又更足以促进农户的逃亡。《唐会要》卷 85 代宗宝应元年（762 年）四月敕令中规定，“百姓田地，比者多被殷富之家、官吏吞并，所以逃散，莫不由兹”②，就是最好的说明。

长安政府为了不使税收减少，从代宗以后，便不断地命令州、县长官，招缉流亡。但招缉是无用的，在官吏侵渔、权豪并夺之下，

---

① （唐）陆贽撰，刘泽民点校：《陆宣公集》卷 22《中书奏议》六《均节赋税恤百姓》第六条《论兼并之家私敛重于公税》，杭州：浙江古籍出版社 1988 年版，第 260 页。

② （宋）王溥撰：《唐会要》卷 85《逃户》，北京：中华书局点校本 2006 年版，第 1855 页。

逃亡的现象无法根绝，赋税的定额不能减少，长安政府于是索性将逃户的赋税分摊给未逃的人户，这样便更促进逃户的增加，陆贽所谓“逃死阙乏税额，累加见在疲氓；一室已空，四邻继尽，渐行增广，何由自存？”① 逃亡愈烈，公赋和私税的征取也愈烈，到懿宗、僖宗时，终于产生以浙东裘甫、徐州庞勋和山东王仙芝、黄巢等为首的一连串农民起义，从而摧毁了唐王朝。

如果说，中唐以后生产者人身依附关系的相对减轻，是划分唐代历史前后两个不同阶段乃至我国中世纪史前后两个不同阶段的主要标志，那么，以人身依附关系相对减轻的表现形式即商品货币关系的繁盛，作为划分唐代历史前后两个不同阶段乃至我国中世纪史前后两个不同阶段的一个标志，也同样可以。

对封建社会来说，人身依附关系是它的基础。人身依附关系的减轻，不等于人身依附关系的消失，商品货币关系的繁盛，不等于自然经济的优势已不复存在。以商品货币关系的发展作为安史之乱后唐代封建经济的一个特色，并不意味着那以直接生产者把自己剩余劳动用地租的形式给地主为主要内容的封建经济的削弱，而只是说在人身依附关系减轻的前提下，作为封建经济组成部分的商品货币关系显得比以前更为鲜明。

---

① （唐）陆贽撰，刘泽民点校：《陆宣公集》卷 22《中书奏议》六《均节赋税恤百姓》第一条《论两税之弊须有厘革》，杭州：浙江古籍出版社 1988 年版，第 247 页。

七、永贞革新和统治阶级内部的斗争

（一）永贞革新及其在历史上的影响

需要特别强调的是，中唐以后，长安政府既无力建立一支强大的中央禁军，也无力供应沿边或内地节度使的军队，遂使节度使的军队与日俱增。河北的藩镇没有削平，河南的藩镇，又闹起独立了，“河北悍骄，河南附起”[①]，节度使脱离长安的倾向继续蔓延，就在国都附近的泾原节度使，唐德宗建中四年（783年），也一度称兵倡乱。而当时长安的禁军，只是一批挂名军籍、贪受给赐的市井富儿，一闻战鼓，望风而溃。长安天子为了维护王权，便以招募的方式，重建禁军，称京西神策军，凡15万；又怕军人专政，把统率禁军之权交给侍奉左右的宦官集团，并从宦官集团中挑选一批代表长安政权派到各地去监督节度使的监军，宦官的权力，从此不可抑制。“威柄

① （清）董诰辑：《全唐文》卷561，韩愈：《平淮西碑》，北京：中华书局影印本1982年版，第5676页。

下迁，政在宦人”[①]，不但公卿显贵要仰其鼻息，就是野心勃勃的节度使，也要和其勾结，才能为所欲为，割据称雄，“藩镇节将，多出禁军，台省清要，时出其门”[②]，“万机之与夺任情，九重之废立由己”[③]，就连长安天子亦成了傀儡。藩镇和长安的关系，就像诸侯和周天子的关系，名为藩臣，实则他们受长安节制的程度的大小，按自己实力的大小成反比例而发展。只是自宦官掌握禁军以后，宦官可以挟天子以令诸侯，长安政权完全成为宦官专政的政权。这样，在唐代就以宦官为首包括官僚、藩镇，形成一个最反动的统治集团。只要宦官集团一天不消灭，藩镇的割据就一天不消灭。

唐代中叶以前，客户只向地主缴纳地租，不负担国家的公赋；唐代中叶以后，随着地主所有制的发展，大多数的农户，纷纷变为客户，长安政权为了维持税收，便须把公赋的一部分转嫁给客户。所有户税、税间架、除陌钱以及实行专卖的各种榷利如榷盐、榷茶，等等，客户和自耕农一样，都须负担。如此残酷的剥削，激化了全国农民和以宦官为首的统治集团的矛盾。

恩格斯指出，“生产的每一进步，同时也就是被压迫阶级即大多数人的生活状况的一个退步”[④]。唐代中叶以后，由于人身依附关系

---

① （宋）欧阳修、宋祁撰：《新唐书》卷207《宦者传》，北京：中华书局点校本1975年版，第5856页。

② （后晋）刘昫等撰：《旧唐书》卷184《宦官传》，北京：中华书局点校本1975年版，第4766页。

③ （后晋）刘昫等撰：《旧唐书》卷184《宦官传》，北京：中华书局点校本1975年版，第4754页。

④ 恩格斯：《家庭、私有制和国家的起源：就路易斯·亨·摩尔根的研究成果而作》，《马克思恩格斯全集》第21卷，北京：人民出版社版1965年版，第201页。

的相对减轻，虽然促进了劳动生产率的提高，但提高的结果，却使长安政府“征敛多名，且无恒数”①，导致了封建剥削率的增长。而封建剥削率增长，适足以使长安政权有可能去雇佣一支庞大的禁军，来镇压生产者因不堪残酷剥削而引起的反抗，但是由于地方节度使军队的扩充，漫无限制，财赋的收入供不上军用的支出，足以强化中央集权的庞大禁军，一时还建置不了，分裂的局面，于是无法避免。但是这种分裂，只是历史偶然性的现象，它本身却强烈地受着国家政权之走向统一、强化这一历史必然性的支配。

宦官、官僚、藩镇，在当时特殊的条件下，都在搞分裂活动，从而使历史出现回旋。当时阻挡这种回旋、向反动统治发起进攻的，自然是农民群众。从唐肃宗宝应元年（762 年）到唐德宗贞元十四年（798 年），作为唐王朝经济命脉的东南财赋八道的人民，因不堪残酷剥削，就先后有袁晁、张度、方清、王国良、栗锽等领导的起义斗争，打击了封建统治，威胁着唐王朝的财政收入，使唐王朝的统治处于垂危状态。

永贞革新，正是在这样的历史背景下出现的统治阶级内部以王叔文为首的革新派和以宦官俱文珍为首的保守派展开的一场激烈斗争。

王叔文的革新运动，始于唐顺宗永贞元年（805 年）正月，不过六个月就失败了，但在唐代历史上却闪烁着绚烂光芒。

---

① （唐）杜佑撰：《通典》卷 7《食货典》注文，北京：中华书局影印本 1984 年版，第 42 页。

王叔文在唐顺宗当太子时，以善棋[①]，在东宫当了一名翰林待诏。王叔文因为“工言治道，能以口辨移人”，得到唐顺宗的赏识，“其所施为，人不以为当非”[②]。当时和王叔文友善的吕温、柳宗元、刘禹锡等人，也因王叔文的荐举，一同参与革新。他们都是杰出的政治家、思想家。他们目击宦官、官僚、藩镇的黑暗统治，阶级矛盾的日益激化，坚决主张革新政治，减轻人民负担，强化中央集权。他们光明磊落，不畏权贵。每逢谈到古今盛衰和自己的政治主张时，往往“扬袂顿足，信容德色，舞于眉端”，以为只要按自己的政治主张，便能“昭昭然若揭日月而行”[③]。像这样的革新气概，去和保守派相比，正好是一个鲜明的对照。屠杀唐代宗以后江淮地区的起义农民的，正是这些反对改革的保守派，他们每次屠杀，都要杀到“支党皆尽，里无吠狗”[④]，才肯罢休。即使如此，江淮农民军的反抗斗争，依然如火如荼。

在农民起义发展的形势下，革新派能顺应历史发展的形势，改革秕政；保守派妄图阻碍历史发展，反动到底。他们之间的斗争，自然是在农民的阶级斗争基础上的一场统治阶级内部的斗争。

---

① 明孔按：《旧唐书》卷135《王叔文传》，《新唐书》卷168《王叔文传》，均记载其“以棋待诏”。(唐）刘禹锡著，瞿蜕园笺证：《刘禹锡集笺证·外集》卷9《子刘子自传》(上海：上海古籍出版社1989年版，第1502页)：“时有寒隽王叔文以善弈棋得通籍博望，因间隙得言及时事，上大奇之。”

② （唐）刘禹锡著，瞿蜕园笺证：《刘禹锡集笺证·外集》卷9《子刘子自传》，上海：上海古籍出版社1989年版，第1502页。

③ （唐）刘禹锡著，瞿蜕园笺证：《刘禹锡集笺证》卷19《集纪·唐故衡州刺史吕君集纪》，上海：上海古籍出版社1989年版，第508页。

④ （宋）欧阳修、宋祁撰：《新唐书》卷146《李栖筠传》，北京：中华书局点校本1975年版，第4736页。

在阶级社会里，推动历史前进的，总是由剥削阶级对被剥削阶级的统治、剥削而引起的反统治、反剥削的斗争。对封建社会来说，便是农民阶级反对地主阶级的起义斗争。没有农民的起义斗争，封建生产关系也就不可能发生部分变革，从而也就不可能促进生产力的发展。封建生产关系的部分变革，只能完成于农民起义之中，不能完成于统治阶级内部的斗争之中。统治阶级内部的斗争，只能以农民的阶级斗争为基础。

唐代中叶以后的农民起义，虽然只是零星的起义，但毕竟是历史的主流，随着阶级矛盾的日益激化，终究会形成有全国规模的大起义，给封建统治以毁灭性的打击。但是革新派的活动因为能顺应历史发展的形势，因而在整个历史发展的进程中，也必然起了一定的进步作用。历史上剥削阶级卓越人物之所以卓越，只是在劳动人民推动历史前进这一发展形势下，在实现本阶级的利益中，而将某种符合历史客观规律的东西也包含在内了。王叔文的革新运动，正是这样。

王叔文的革新运动，既然要推翻宦官专政，因此，他的许多革新，都和这一目的紧密相连。比如取缔宫市和五坊小儿，是禁止宦官在长安地区的横暴掠夺，其目的固然十分清楚，就是贬谪以残暴、聚敛闻名的京兆尹李实，召用德宗贞元（785—805 年）时因揭发罪大恶极的度支使裴延龄而遭到谪戍的宰相陆贽和谏议大夫阳城等，以及解除浙西观察使李锜的盐铁转运使的职务，由王叔文自己以翰林学士的职位兼任度支盐铁转运副使，也脱离不了这个中心目的。因为在凶焰逼人的宦官专政下，不论在中央的台省长官和在地方的节度、观察、盐铁、转运诸使之所以能够作威作福，苛索百端，几乎没有不以宦官为靠山，他们把苛索得来的东西，用“进奉”“月进”“日进”等名目，去结好宦官，盐铁转运使李锜，就是靠进奉“以结恩泽”①。王叔文罢李锜盐铁转运使的职务，由自己来担任副使，就是决心革除宦官在财政上的秕政，因此也自然是对宦官的一个有力打击。

当时每颁布一项新政，动辄“人情大悦”，“百姓相聚，欢呼大喜”②。但是以俱文珍为首的保守派，却正阴谋强迫唐顺宗让位给他的儿子李纯即后来的唐宪宗。这是十分凶狠的一招，因为支持革新运动的唐顺宗如果一旦被废黜了，革新运动也就自然溃灭。保守派为实现这一阴谋，对有病的唐顺宗，大肆造谣，说他得了不能动弹的“风疾”之症，应当早日让位给太子。但奇怪的是，唐顺宗如果真的得了“风疾”之症，为什么《顺宗实录》关于永贞内禅，因为记载“颇切直”，怕暴露宦官的阴谋，而被勒令修改呢？③ 为什么当唐顺宗即将禅位的前夕，王叔文却在翰林院愤怒地说“圣人适于苑中射兔，上上马如飞，敢有异议者腰斩”④ 的话呢？尤其值得注意的

① （后晋）刘昫等撰：《旧唐书》卷112《李国贞传·附锜传》，北京：中华书局点校本1975年版，第3341页。

② （唐）韩愈撰：《顺宗实录》卷5，载（唐）韩愈著，马通伯校注：《韩昌黎文集校注·文外集》卷下，上海：古典文学出版社1957年版，420—424页。

③ （后晋）刘昫等撰：《旧唐书》卷159《路随传》，北京：中华书局点校本1975年版，第4192—4193页。按：唐文宗多次要求“改正永贞时事”，路随上奏拒绝之。最后文宗也做了让步，其诏曰：“其《实录》中所书德宗、顺宗朝禁中事，寻访根柢，盖起谬传，谅非信史。宜令史官详正刊去，其他不要更修。余依所奏。”

④ （宋）司马光编著，（元）胡三省音注：《资治通鉴》卷236，唐顺宗永贞元年（805）六月条，北京：中华书局点校本1956年版，第7617—7618页。按：（唐）李肇《唐国史补》卷中（上海：上海古籍出版社标点本1957年版，第37页）记载：“王叔文以度支使设食于翰林中，大会诸阉，袖金以赠。明日又至，扬言圣人适于苑中射兔，上上马如飞，敢有异议者腰斩！”

是，如果唐顺宗真的得了“风疾”重症，为什么禅位不久，有个叫罗令则的隐士，从长安到秦州，自称奉太上皇（唐顺宗）诰谕，向秦州刺史刘澭征兵，要去废立唐宪宗呢？刘澭又为什么怕连累自己，把罗令则执送长安，并把他的同党整个杀光？[①] 所谓顺宗内禅，实是宦官俱文珍以莫须有的“风疾”强加给唐顺宗，强迫其退位，这才是真实情况。知道这个秘密的刘禹锡，在他的《自传》中说，“宫掖事秘，而建桓立顺，功归贵臣”[②]，这其实已经隐晦曲折地把秘密透露出来了。

内禅的过程，自然是保守派和革新派步步走向斗争高潮的一个过程。正当斗争走向高潮的时候，西川节度使韦皋派部下刘闢到长安来谒见王叔文，要求改封他为三川节度使，表示“当以死相助”[③]。在唐顺宗尚未退位，王叔文继续执政的时候，韦皋为了扩充自己的势力，愿以死相助，未始不出于真心，王叔文如果答应了，倒可以助长自己的实力，但这样做，会和他削藩的主张相违背，因此，他就断然拒绝了。拒绝不久，韦皋也就讨好俱文珍，勾结藩镇官僚，奏请唐顺宗内禅，对王叔文施加报复。王叔文面对这一情势，便仓促地以范希朝为京西行营节度使，韩泰为副使，欲夺取宦官兵权，这自然是革新运动最关键的一招，因为只要这招成功，宦官的势力，就可一网打尽。但在保守派实力远远超过革新派的形势下，王叔文

---

① （唐）李肇：《唐国史补》卷中，上海：上海古籍出版社标点本 1957 年版，第 35 页。

② （唐）刘禹锡著，瞿蜕园笺证：《刘禹锡集笺证・外集》卷 9《子刘子自传》，上海：上海古籍出版社 1989 年版，第 1502 页。

③ （宋）司马光编著，（元）胡三省音注：《资治通鉴》卷 236，唐顺宗永贞元年（805）六月条，北京：中华书局点校本 1956 年版，第 7616 页。

既缺乏周密布置，又没有深厚的社会基础，仅仅靠一道命令，就想一举而成，又谈何容易！所以当范希朝到京西奉天（今陕西乾县），去接管神策军的时候，神策军就按兵不动。夺取兵权，便成了泡影。而唐顺宗也终于被迫退位，以王叔文为首的革新派都遭贬窜。王叔文被贬为渝州司户，赐死贬所。其他如柳宗元、刘禹锡等八人，一贬再贬，贬为远州司马。这就是历史上的所谓“八司马”①。永贞革新运动宣告失败。

以王叔文为首的革新派，坚决主张“内抑宦官，外制方镇，摄天下之财赋、兵力而尽归之朝廷”②，这是符合历史发展趋势的，因为符合历史发展趋势，因而革新虽然失败了，却起着长期不息的影响。

永贞元年（805年）六月，王叔文母亲逝世，永贞革新到此也恰恰宣告失败，以俱文珍为首的保守派将对革新派实行残酷的迫害。柳宗元为王叔文母亲写的《墓志文》，表面上看，好像在悲悼王叔文的母亲，实则是代表当时人共同的悲痛心情，悲悼王叔文革新的失败。文中提到“利安之道，将施于人，而夫人卒于堂……知道之士，为苍生惜焉！”③ 好像是说，正当有利于人民的永贞革新即将完成之际，而太夫人匆匆逝世，这是苍生的大不幸！其实苍生的大不幸，

---

① 按：永贞革新失败后，贬韦执谊为崖州司马，韩泰为虔州司马，陈谏为台州司马，柳宗元为永州司马，刘禹锡为朗州司马，韩晔为饶州司马，凌准为连州司马，程异为郴州司马，史称“八司马”。

② （清）王鸣盛撰：《十七史商榷》卷74《新旧唐书》6《顺宗纪所书善政》，北京：中国书店据上海文瑞楼版1987年影印本，第2页。

③ （唐）柳宗元：《柳河东全集》卷13《故尚书户部侍郎王君先太夫人河间刘氏志文》，北京：中国书店1991年版，第144页。

决不是太夫人的匆匆死去，而是永贞革新的失败以及由永贞革新的失败王叔文等革新派将遭遇到一个不堪忍受的命运！只是在当时宦官专政的恐怖下，柳宗元不能直说，只能以隐晦曲折的笔调来表达。可以设想，到了王叔文贬死渝州、八司马贬窜边州的时候，天下人的悲痛将达到无以复加的地步。刘禹锡祭柳宗元一文里说的“生有高名，没为众悲；异服同志，异音同欢”[①]，倒很可以作为当时人悼念王叔文和柳宗元的共同心声！

安史之乱后，宦官集团实已成为在特殊条件下而出现的割据势力的一个靠山。自从代表长安天子的宦官集团掌握禁军以后，君主专政实则已为宦官专政所取代。每个割据势力必须和宦官集团挂钩，得到宦官集团的承认，才能为所欲为！宦官集团存在一天，意味着出现割据势力的特殊条件还将继续存在。谋夺宦官兵柄，将其一网打尽，正是当时地主阶级内部革新派的共同奋斗目标！王叔文的永贞革新，是这样，继永贞革新的唐文宗太和五年（831 年）宋申锡的欲诛除宦官，太和九年（835 年）李训、郑注谋诛宦官而发动的甘露之变，也是如此。在当时宦官恶势力的笼罩下，敢于策划把宦官的势力彻底铲除，像这样的历史人物，自然十分值得称颂了。“叔文行政，上利于国，下利于民，独不利于弄权之阉宦，跋扈之强藩”[②]；“八司马皆

① （唐）刘禹锡著，瞿蜕园笺证：《刘禹锡集笺证 · 外集》卷 10《重祭柳员外文》，上海：上海古籍出版社 1989 年版，第 1532 页。

② （清）王鸣盛撰：《十七史商榷》卷 74《新旧唐书》6《顺宗纪所书善政》，北京：中国书店据上海文瑞楼版 1987 年影印本，第 2 页。

天下之奇材”[①]；“（李）训、（郑）注皆奇士，特奇功不成耳”[②]。这是读史者对王叔文、八司马、李训、郑注的最正确、最公正的高度评价。

不管保守派怎样颠倒黑白，怎样对王叔文、八司马、李训、郑注等进行恶毒的污蔑，也无损于他们在历史上的光辉和深远影响。自永贞革新到文宗太和九年（835年）甘露之变的三十年间，反对宦官的腐朽政治已成为革新派的主要进步作用。但是历史的活动，是群众的活动，要铲除作为藩镇割据势力主要靠山的宦官集团，仅靠统治阶级内部的革新派的力量，而不通过广大的人民群众的激烈斗争，那只是梦幻。地主阶级内部的保守派，不可能由地主阶级内部的革新派来打倒，而只能由广大的人民群众来打倒。唐朝的宦官集团，只有经过唐末农民大起义的打击，才能削弱它的凶焰绝人的气势！

（二）宦官、官僚、藩镇的钩心斗角

宪宗元和（806—820年）以后，代表长安政权的两个统治集团——宦官、官僚和每个集团的两个派系，为了巩固自己的经济利益，在政治上呈现了错综复杂的斗争，而斗争的中心问题，却只有一个，那便是对藩镇的姑息和用兵的问题。元和时代，内朝的两派

---

① （宋）王安石著，唐武标点校《王安石文集》卷33《杂著·读柳宗元》（上海：上海人民出版社1974年版，第396页）：“余观八司马，皆天下之奇材也，一为叔文所诱，遂陷于不义。至今士大夫欲为君子者，皆羞道而喜攻之。然此八人者，既困矣，无所用于世，往往能自强以求别于后世，而其名卒不废焉。而所谓欲为君子者，吾多见其初而已，要其终，能毋与世俯仰以自别于小人者少耳！复何议于彼哉？”

② （清）王鸣盛撰：《十七史商榷》卷91《新旧唐书》21《训、注皆奇士》，北京：中国书店据上海文瑞楼版1987年影印本，第4页。

是以吐突承璀为代表的一派和以王守澄为代表的一派，前者主张削平藩镇，复兴唐室；后者则主张姑息藩镇，维护唐室。以李吉甫、裴度为首的山东高门一派和内朝吐突承璀一派正好遥相呼应，主张积极用兵，于是以牛僧孺、李宗闵为首的新兴进士集团一派，也势所必然地和内朝反对用兵的一派深相结纳，主张百般姑息。而李党之所以主张用兵，只是企图从削平藩镇之中，来挽回山东高门在政治上奄奄一息的命运，借以压倒新兴进士集团的政治优势。而新兴进士集团之所以反对用兵，也只是企图免除因战争而加重他们本阶级——庶族商贾地主——的赋税负担。何况用兵征讨也确实可以助长山东高门的威势而削弱自己的政治利益呢？这样终于引起内朝、外朝主张用兵一派和反对用兵一派的内讧，而每次内讧又总和藩镇问题紧紧牵连。

试就宪宗元和十年（815 年）征伐彰义节度使吴元济的问题而论，便可看出其中的复杂关系。当时主张用兵派为了控制藩镇，首先向跋扈难制的彰义一镇积极进军，而山东强藩王承宗、李师道之徒因鉴于长安的积极用兵，便一方面阴结彰义吴元济，来阻挠长安的进军，一方面派遣刺客暗杀主持用兵的宰相武元衡。武元衡遭暗杀后，一时流矢飞书，京师骚然，长安政府为了澄清这一恐怖的局面，也曾下令搜索奸徒，但搜索的结果是“搜索不足以为防”①。其实就当时长安反对用兵一派和山东藩镇的一贯勾结而论，京师的恐怖和长安内部的主谋显然有密切关系，唯其因为和长安内部的主谋

① （后晋）刘昫等撰：《旧唐书》卷 15《宪宗纪》下，北京：中华书局点校本 1975 年版，第 458 页。

有密切关系，所以搜索防奸，也就无以为防了。

但是宪宗元和（806—820 年）一朝，正是用兵一派在政治上占优势的时期，由于他们对东方藩镇进行了一系列的征伐、分化、威胁、利诱，也终于平定彰义，使东方强藩有所慑服，而日趋衰微的唐王朝，也颇有一番中兴的气象，这一中兴，当然也只是昙花一现而已。因为当时形成割据势力的特殊条件既未消失，长安政权要想削平藩镇，岂非梦幻？而且由于连年用兵，反使长安国库益复空虚，社会景象益复萧条，宪宗一旦驾崩，东方强藩仍复称兵倡乱，而和藩镇问题相牵连的两个派系的纠纷，也依然持续。

马克思、恩格斯深刻指出："国家内部（指统治阶级内部——引者）的一切斗争……不过是一些虚幻的形式，在这些形式下进行着各个不同阶级间的真正的斗争。"① 唐代安史之乱后，宦官、官僚、藩镇的斗争，也只是历史的虚幻形式，决不是历史的本质。历史的本质，应当是在当时人身依附关系相对减轻的条件下，而引起的封建剥削率的增长、阶级矛盾的日益激化和阶级斗争的日益尖锐。藩镇的割据，只是在长安政权无力建立一支庞大的中央禁军的条件下而出现的偶然现象。当时由于军事频繁，藩镇节度使的军队在不断扩充，因长安政权无力给养，允许节度使可以独专方面，但所给养的，除了由节度使在自己统治范围内进行残暴的剥削，大部分还得由长安政权去进行重重苛敛。这样，就无可避免地加速阶级矛盾的激化。同时，长安政权为了维护王朝的统治，不能没有军队，唐德宗建中四年（783 年）招募了一支 15 万人的禁军，号京西神策军，

① 马克思、恩格斯：《德意志意识形态》，北京：人民出版社 1961 年版，第 28 页。

由宦官统率，因为宦官掌握禁军，它的权势，也便高于一切，不但外朝的官僚成为它的附庸，就是地方强藩也得仰其鼻息。掌握禁军大权的宦官集团，已成为割据势力的集中体现者。宦官集团的存在，表明贫富矛盾已达极点。安史之乱后，宦官、官僚、藩镇之间的矛盾，虽然呈现了错综复杂的关系，但却只是一些虚浮的外观。只有好好掌握作为当时历史最本质的东西，即生产者人身依附关系的相对减轻，才能理解募兵制代替府兵制的必然，理解藩镇和掌握兵柄的宦官的出现及其相互勾结是历史的反动，理解宦官专政必将导致阶级矛盾和阶级斗争的激化。

所谓宦官对藩镇的姑息，决不是苟容取安，而是在藩镇甘受宦官节制的前提下，对藩镇割据称雄的支持和宽恕；其不甘受节制的，必将受到宦官的讨伐。宪宗元和十年（815 年）讨伐彰义节度使吴元济，就是一个例子。但是吴元济的跋扈难制，只是对宦官中的一派是这样，对另一派，却俯首帖耳，唯命是从。这就说明，当时即使像跋扈难制的彰义节度使，还得和宦官中的一派相勾结，所以德宗建中以后藩镇的称兵倡乱，实是出于宦官内部的指使。正如穆宗长庆元年（821 年）裴度说的：

> 河朔逆贼，只乱山东，禁闱奸臣，必乱天下，是则河朔患小，禁闱患大。……臣以为若朝中奸臣尽去，则河朔逆贼，不讨而自平，若朝中奸臣尚在，则逆贼纵平无益。①

把安史之乱后代表唐代统治阶级内部最反动的力量即宦官集团，

---

① （后晋）刘昫等撰：《旧唐书》卷 170《裴度传》，北京：中华书局点校本 1975 年版，第 4423 页。

已经刻画得显现突出了。

自文宗太和五年（831 年）宋申锡的谋诛宦官失败以后，所谓内朝宦官的两个派系，实则已经合成一片，作为内朝附庸的外朝牛李两党，实际上再也没有本质上的区别，根本不可能成为地主阶级的革新派，作为地主阶级革新派，只限于牛李两党中敢于以反对宦官专政、谋夺宦官兵柄、把宦官一网打尽为共同奋斗目标的少数杰出人物。但是在维护地主阶级所有制的限度内，不发动广大人民的力量，仅仅依靠少数杰出人物，就想铲除宦官集团，那只能以失败告终。要铲除这个力量，只有通过人民的斗争，才有可能，黄巢起义真正起到了这个作用。

八、唐和边塞各族的关系

（一）唐代各民族之间的经济、文化交流是各族人民的历史主流

历史上，民族间的相互关系，是包含着民族间的相互交往、相互斗争的一个过程。马克思、恩格斯指出，“各民族之间的相互关系取决于每一个民族的生产力、分工和内部交往的发展程度。”[①] 生产力和分工的发展，必然导致劳动生产率的提高，商品交换的抬头，最后，必然导致奴隶制的出现。我国自中原王朝进入封建制以后，相继迭兴的边塞民族，还处在原始氏族末期和奴隶制阶段，他们经常向汉族地区发动以掠夺财富和劳动力为唯一职志的战争。

唐代开国以后，民族间的相互交往、相互斗争，和其他封建王朝一样，呈现出纷纭错杂的景象。民族间的相互交往、相互斗争，是各民族人民的历史主流。民族间的相互斗争，是根源于民族内部

① 马克思、恩格斯：《德意志意识形态》，北京：人民出版社 1961 年版，第 14 页。

阶级的对立。每当边塞民族向汉族地区发动武装掠夺时，虽也侵犯了汉族统治阶级的利益，但掠夺的主要对象，却是汉族劳动人民。同样，每当汉族对边塞民族的掠夺进行反击时，虽由汉族统治者负责反击的发起和组织工作，而反击的主要力量，却是汉族人民。因此，当边塞民族向汉族地区进行掠夺和汉族人民发动反击时，双方的主要矛盾应当是边塞民族的上层贵族和广大的汉族人民的矛盾。边塞民族除了以掠夺为职志的战争外，还有以扩大领土为职志的战争。历史上，不论汉族统治者向边塞少数民族地区或边塞各族向汉族地区进行疯狂的军事占领，都是这类战争。在战争过程中，起来反侵略、反占领的，仍然是广大的各族人民。因此，每当由各族统治者以掠夺或扩大领土为目的而引起的民族间的非正义战争，必然导致各族人民旨在互相支援、反掠夺、反侵略的正义战争。各族人民反掠夺、反侵略的正义战争和经济、文化的交流，构成了各族人民历史的主流。唐代和边塞各族如突厥、回纥、巴尔喀什湖以东诸族、吐蕃、南诏等的关系，恰恰体现了这一历史主流。

（二）隋唐和突厥的关系

隋唐时突厥已分裂为东西突厥。

1. 隋唐与东突厥的关系

东突厥启民可汗于隋文帝开皇十九年（599 年），为了和隋联合对抗西突厥的东进，一度卑躬折节，向隋称臣，迁其部落于夏（今陕西横山西）、胜（今内蒙古鄂尔多斯市东北）之间，北方暂得安定。显然，东突厥的向隋称臣，只是权宜之计，决不表明它势力的衰微。隋末，汉族地区爆发了农民大起义，北方沿边的地主武装，与突厥相勾结，这才使东突厥“东自契丹、室韦，西尽吐谷浑、高昌诸国，皆臣属焉”，成为控弦百余万的部落联盟的奴隶制汗国①。启民可汗之子颉利可汗经常以大军向并州（今山西太原市）、榆林和渭水一带经行寇钞，掳掠人口，焚烧城邑，来阻挠李渊、李世民父子的统一运动，李渊、李世民父子为了巩固代表高门世族利益的关中政权，对于这一侵略势力，自然不得不做积极的抵抗。这一抵抗，在客观上也显然符合北方汉族人民为了保卫乡里，安定生产，一致要求抵御突厥的共同愿望。同时，受突厥奴隶主贵族奴役的铁勒诸部如薛延陀、回纥、拔也过、同罗等，以及为突厥所俘获的汉族人民，为了争取解放，也相率起义，而突厥奴隶主贵族之间又发生激烈的矛盾，这才给唐太宗以可乘之隙，对突厥发动反攻。贞观三年（629年），唐太宗李世民派李靖以大军进击，贞观四年（630年），下定襄（今山西平鲁），颉利可汗被俘，东突厥的势力也便迅速破灭。所以东突厥的宣告破灭，实则是在李世民的发动号召之下，由于汉族和受突厥奴役的各族人民的互相声援、共同打击之下而促成的。东突厥的破灭，不但使薛延陀、回纥等草原部落获得解放，对李唐的关中政权来说，也从此得以巩固发展，因为唐初政权和所有北方沿边的地主割据势力一样，其实只是突厥的一个附庸，这在李世民当听到李靖大破颉利可汗的捷报时对侍臣们的一段谈话，便可得知。《旧唐书·李靖传》如此记载：

太宗初闻靖破颉利，大悦，谓侍臣曰……往者国家草

① （后晋）刘昫等撰：《旧唐书》卷194上《突厥传》上，北京：中华书局点校本1975年版，第5153页。

创，太上皇以百姓之故，称臣于突厥，朕未尝不痛心疾首。[①]

东突厥的势力，既然已经破灭，它的一部分残余部落纷纷西迁，唐太宗为了彻底消灭西北边患，也便紧紧追击，并于贞观九年（635年）进而征服曾经一度受隋朝袭击，嗣后与东突厥相勾结而又潜入河西走廊的吐谷浑。吐谷浑既经征服，唐太宗为了阻止西突厥势力的东进，遂乘胜向天山南路为西突厥所统治的高昌、焉耆、龟兹诸城郭政权挺进，自贞观二十二年（648年）灭龟兹，天山南路诸民族政权皆为唐朝所控制，唐朝的势力也便远达葱岭。

唐太宗贞观三年（629年），东突厥的部落除了部分西迁，其归附唐朝的，也不下百余万口，唐政府把他们安置在河套一带，对其进行残酷的统治与奴役。当时自丰州（今内蒙古五原附近）以东，至于朔（今山西朔州市朔城区）、代（今山西代县）等地，都布满了突厥的部落。突厥人因不堪唐王朝的统治与奴役，多次叛变，但多次失败，直到高宗永淳元年（682年），颉利的族人骨咄禄，才以五千余众，联合奚、契丹、回纥诸部发动叛唐，终于脱离唐朝的羁绊，自立为可汗，东突厥宣告复兴。到了骨咄禄弟弟默啜可汗时，东西侵略，河朔一带经常受到突厥铁骑的蹂躏，他的势力已是“东西万余里，控弦四十万，颉利之后，最为强盛”[②]。但是这一势力，由于内部民族矛盾、阶级矛盾的激烈尖锐，也便逐渐削弱解体，到唐玄

① （后晋）刘昫等撰：《旧唐书》卷67《李靖传》，北京：中华书局点校本1975年版，第2480页。

② （后晋）刘昫等撰：《旧唐书》卷194上《突厥传》上，北京：中华书局点校本1975年版，第5172页。

宗天宝四载（745 年），终于为回纥所彻底征服。

自唐初到武曌，唐和东突厥的关系，一方面固然不断地发生战争，而另一方面却也不断地进行经济、文化方面的交流。隋唐之际，北方汉族人民为突厥掳掠的约 8 万人，这 8 万人对当时处于奴隶制阶段的突厥社会来说，自然起着积极促进的作用。唐太宗贞观（627—649 年）初，突厥降唐，突厥的降户，大抵分布在丰、胜、朔、代州之间，和汉族羼居，这又必然会促使他们接受汉族的先进生产方式。武曌时，东突厥的复兴，和受汉族的先进生产方式影响自有密切关系。武曌神功元年（697 年），武则天为了安宁北边，把从前分布在丰、胜、灵、夏、朔、代六州的突厥降户数千帐归还默啜，并给谷种 4 万斛，杂采 5 万段，农器 3000 件，铁器 4 万斤，“默啜由是益强”①。默啜以后，突厥的势力，虽然复兴，但由于突厥统治者对本族人民的残暴剥削，遂使部落逐渐逃散，归附唐朝。唐玄宗开元初年，河套以南，太原以北，便有不少新附的突厥和九姓铁勒等部落羼居其中②。开元十年（722 年），唐政府又把这批新附的降户 5 万余口，徙于许、汝、唐、邓、仙、豫诸州③，这些新附的降户，也必然把他们本族的生产技术和生活习俗，影响于汉族人民。随着东突厥汗国的灭亡，突厥人之归附唐朝的，也渐渐为汉族所融合。

---

① （宋）司马光编著，（元）胡三省音注：《资治通鉴》卷 206，武则天神功元年（697 年）三月条，北京：中华书局点校本 1956 年版，第 6516 页。

② （宋）司马光编著，（元）胡三省音注：《资治通鉴》卷 211，唐玄宗开元五年（717 年）七月条，北京：中华书局点校本 1956 年版，第 6728 页。

③ （宋）司马光编著，（元）胡三省音注：《资治通鉴》卷 212，唐玄宗开元十年（722 年）八月条，北京：中华书局点校本 1956 年版，第 6752 页。

2. 隋唐与西突厥的关系

西突厥在射匮可汗时，它的领土已东自阿尔泰山、天山，西至里海，建庭于龟兹之北，为突厥在西边的一大汗国。7 世纪初，统叶护可汗即位，拓地益广，国势愈强，移庭于石国以北之千泉（今怛逻斯河沿岸附近），对西域城郭诸政权进行实际的统治，维持西域诸国原有的行政组织，改国王为“颉利发”，受可汗的直接统治；另设一突厥军职人员，名曰“吐”屯，为可汗征收赋税，使西突厥汗国在西域诸国的影响下，建立了封建制的生产关系。

当时西突厥汗国向西域诸国征取赋税的那种宗主国和附属国的封建制关系，显然已不同于东突厥汗国对诸属部所进行的残暴的人身统治与奴役的奴隶制关系了。统叶护可汗不啻为高踞于西域诸国之上的封建霸主。唐太宗贞观二年（628 年），玄奘在碎叶城（今吉尔吉斯斯坦托克马克附近）见到统叶护的豪华情形，也委实不可一世。但就在这年冬天，统叶护被他的伯父杀害，宫廷喋血，内乱不息，西域诸国纷纷独立，西突厥分而为二，在碎叶以西的为弩失毕五部，碎叶以东者则为咄陆五部。唐太宗贞观四年（630 年），东突厥破灭，伊吾降唐，唐以其地置西伊州。唐朝的势力，从此步步西进，到贞观二十二年（648 年）取龟兹，唐朝控制天山南北路的局势，已经底定。贞观二十三年（649 年），唐朝以统治咄陆五部的阿史那贺鲁为瑶池都督，以相羁縻，未几即叛，召集离散，率众西走，击破弩失毕五部的乙毗射匮可汗，建牙于千泉，自号沙钵罗可汗。永徽三年（652 年），唐高宗联合回纥骑兵大破贺鲁于天山之北，高宗显庆二年（657 年）又破于伊犁河北，贺鲁投奔石国（今乌兹别克斯坦塔什干），石国献贺鲁于唐。显庆四年（659 年），统治弩失毕五部的真珠叶护，为唐军斩于双河（在博逻塔拉流域），从此西突厥疆土皆归唐朝。唐朝将西突厥的土地置懞池、崑陵都护府在碎叶以东，管辖今准噶尔地区。

西突厥自7世纪中叶并入唐朝后，虽然销声匿迹，渐趋沦亡，但当汗国存在之时，对于联贯东西丝绸之路的尽心维护，东西文明的沟通传播，在世界历史上自有其不可磨灭的功劳！

（三）隋唐与回纥的关系

回纥原来是铁勒的一个部落，当突厥盛时，和铁勒诸部仆骨、同罗、契苾、薛延陀等同受突厥的统治奴役。隋炀帝大业元年（605年），西突厥处罗可汗“引兵击铁勒诸部，厚税其物，又猜忌薛延陀，恐其为变，集其酋长数百人，尽杀之”[①]。于是铁勒诸部皆叛，结成以回纥为首的部落联盟，共立时健俟斤为诸部之长，几次战胜处罗。唐太宗贞观初，“材勇有谋”的时健子菩萨继承父业，以骑兵5000大破颉利可汗10万之众于天山，“树牙独乐水上”，回纥“由是寖盛”，“声震北方”。[②] 贞观四年（630年）唐太宗破灭东突厥，和回纥的兴起有密切关系。东突厥破灭后，漠北唯回纥为强。贞观二十一年（647年），唐朝将漠北铁勒诸部领地置六府七州，封回纥酋长吐迷度为铁勒诸部联盟的首领，吐迷度建立回纥汗国，自称可汗。武曌时，颉利族人骨咄禄立为可汗，东突厥复兴。铁勒诸部仍受其

---

① （宋）司马光编著，（元）胡三省音注：《资治通鉴》卷180，隋炀帝大业元年（605年）八月条，北京：中华书局点校本1956年版，第5622页。

② （宋）欧阳修、宋祁撰：《新唐书》卷217上《回鹘传》，北京：中华书局点校本1975年版，第6112页。

统治，但铁勒的抗击，也更加厉害，勇毅绝伦的东突厥可汗骨咄禄之弟默啜就是被铁勒属部拔曳固杀戮的。默啜死后，骨咄禄的儿子默棘立为可汗，是为毗伽可汗，铁勒诸部对突厥的反抗斗争依然激烈。玄宗天宝四载（745 年），突厥白眉可汗为回纥怀仁可汗攻杀后，东突厥汗国从此彻底溃灭，“于是北边晏然，烽燧无警矣”①，回纥汗国尽有突厥故地。

安史之乱前，回纥的社会形态尚处在氏族制的末期，每个部落，就是一个武装集团，贵贱的区分还不很明显，“故众志专一，劲健无敌”②。安史之乱后，在中原王朝封建经济的影响下，回纥的经济生活，迅速改进。为满足贪欲而进行原始性的武装掠夺，对回纥人来说，已不以为然了。大历十四年（779 年），唐代宗新死，回纥登里可汗在九姓胡的怂恿下，企图向汉族农耕地区发动掠夺，终于遭到回纥人的反对而被杀，就是一个鲜明的例子。③

回纥因帮助唐朝收复两京，所以骄横异常，强迫长安政府以绢 40 匹换回纥的一匹马。每岁来交易的，动以数万匹，而马瘦弱不可用，唐朝又没有那样多的绢来清偿马价，马价问题已严重地影响着财政的支出。与此同时，对唐朝一贯采取军事掠夺、军事占领的吐蕃，又竭力勾结回纥，妄图和回纥并力，直捣关中，代宗永泰元年

---

① （宋）司马光编著，（元）胡三省音注：《资治通鉴》卷 215，唐玄宗天宝四载（745 年）正月条，北京：中华书局点校本 1956 年版，第 6863 页。

② （宋）司马光编著，（元）胡三省音注：《资治通鉴》卷 226，唐德宗建中元年（780 年）六月条（北京：中华书局点校本 1956 年版，第 7282 页）：“初，回纥风俗朴厚，君臣之等不甚异，故众志专一，劲健无敌。”

③ （宋）欧阳修、宋祁撰：《新唐书》卷 217 上《回鹘传》，北京：中华书局点校本 1975 年版，第 6121 页。

(765 年) 吐蕃和回纥联合组成的一支 20 万大军进攻长安，便是一个实例。长安政府在吐蕃侵略气焰极度高涨的形势下，对吐蕃的对策，一面是抵抗，一面尽力拉拢回纥，对曾经平定安史有功的回纥，任其凭陵，百般优容。《旧唐书·回纥传》如此记载：

回纥恃功，自乾元 (758—760 年) 之后，屡遣使以马和市缯帛，仍岁来市，以马一匹，易绢四十匹，动至数万马……蕃得帛无厌，我得马无用。[1]

德宗贞元四年 (788 年)，唐王朝下嫁咸安公主给回纥天亲可汗，希望和回纥结成联盟，孤立吐蕃。[2] 德宗贞元五年 (789 年) 天亲可汗因公主下嫁，为了夸耀本族的俊健如鹘，要求改"纥"字为"鹘"字，以示和唐王朝的和亲，唐德宗答应这个要求，自此改为回鹘。吐蕃鉴于回鹘和唐王朝的和亲，对回鹘便抱猜忌结怨的态度，到了德宗贞元六年 (790 年)，终于为了争夺北庭，发生大战，从此以后，双方攻讨不已，互为敌国，而长安政府也正由于回纥和吐蕃的矛盾得到一个喘息的机会，李绛所谓"北虏恃我戚，西戎怨愈深，内不得宁，国家坐受其安，寇掠长息"[3]，便是这一意思。

自北庭争夺战以后，吐蕃、回鹘怨仇日深。唐德宗贞元七年 (791 年) "吐蕃攻灵州，为回鹘所败"，回鹘并"遣使来献俘"。[4] 唐

---

① (后晋) 刘昫等撰：《旧唐书》卷 195《回纥传》，北京：中华书局点校本 1975 年版，第 5207 页。

② (宋) 欧阳修、宋祁撰：《新唐书》卷 217 上《回鹘传》，北京：中华书局点校本 1975 年版，第 6123 页。

③ (宋) 欧阳修、宋祁撰：《新唐书》卷 217 上《回鹘传》，北京：中华书局点校本 1975 年版，第 6127 页。

④ (宋) 司马光编著，(元) 胡三省音注：《资治通鉴》卷 233，唐德宗贞元元年 (791 年) 八月、九月条，北京：中华书局点校本 1956 年版，第 7524 页。

宪宗元和八年（813年）“回鹘发兵度碛南，自柳谷西击吐蕃”[①]。元和十一年（816年），吐蕃以大军向漠北进攻，因赞普弃猎松赞死去，仓促退军。吐蕃由于和回鹘构兵，使军队伤亡颇大，为了补充兵额，便向原来受它羁縻的南诏进行征发，南诏因不堪吐蕃的征发，便起而反抗，归附唐朝。

所以从回鹘帮助唐朝平定安史之乱，阻碍吐蕃势力向汉族地区的骚扰来看，实是唐朝实行结好回鹘、反对吐蕃军事掠夺和侵占的政策的辉煌胜利。

唐文宗时，回鹘内讧，它在西边的两个属部黠戛斯、葛逻禄，因不堪回鹘的统治，互相依仗，积极积蓄力量，准备反击。唐文宗开成五年（840年），乘回鹘内讧，以10万骑兵，向回鹘发动猛攻，大败回鹘，回鹘汗国从此灭亡，诸部溃散，纷纷西迁，流入天山、河西一带。

（四）隋唐和巴尔喀什湖以东诸政权的关系

隋唐与巴尔喀什湖以东诸国关系复杂多变。唐朝为了安定西北边防，维护横贯中西丝路的畅通，从唐太宗到武曌，几次和东西突厥、昭武九姓、吐蕃等民族政权发生激烈战争，最终占领了天山南北路，并在这里分置州县。

太宗贞观十四年（640年），以高昌为西州（今吐鲁番）、可汗浮图城为庭州（今吉木萨尔），置安西都护府于交河城。高宗显庆三

---

① （宋）司马光编著，（元）胡三省音注：《资治通鉴》卷239，唐宪宗元和八年（813年）十月条，北京：中华书局点校本1956年版，第7701页。

年（658 年），迁安西都护府于龟兹，统领于阗、疏勒、碎叶等安西四镇及西域诸国。武曌长安二年（702 年），置北庭都护府于庭州，统领西突厥本国疆域。自唐太宗贞观至唐高宗显庆年间，唐朝对西域的用兵，虽说是统治阶级为了巩固和扩大本阶级的利益的军事行动，但是这一军事行动，却也促使西域诸国脱离了西突厥的残暴统治，和唐朝建立了和平通商的关系，从而促进了中西经济、文化的交流。高宗咸亨元年（670 年），吐蕃占领古西域十八州，攻陷龟兹拨换城（今阿克苏），安西四镇开始罢去。高宗调露元年（679 年），安抚使裴行俭乘送波斯王子归国之机，借西州诸胡子弟万人之力击败西突厥、吐蕃联军，并使副使王方翼筑碎叶城，再复安西四镇。嗣后东突厥复兴，唐朝无力西顾，安西四镇再次陷于吐蕃。武曌长寿元年（692 年），王孝杰大破吐蕃，复取安西四镇，并置重兵于河陇。直至玄宗朝，唐朝和西域诸国的关系，始终通好不绝。安史之乱后，安西四镇第三次沦陷，唐朝在西域的势力，基本上为吐蕃所取代。

巴尔喀什湖以东诸国和中原地区，自西汉张骞通西域后，已经联系频繁。中原的先进生产技术和文物制度源源不绝地向西方传播，丰富了葱岭以东诸国的经济生活和文化生活。其中如养蚕缫丝的技术，自汉代以后，已为于阗所仿效。《新唐书 · 于阗传》是这样记载的：

> （于阗）初无桑蚕，丐邻国，不肯出，其王即求婚，许之。将迎，乃告曰：“国无帛，可持蚕自为衣。”女闻，置蚕帽絮中，关守不敢验，自是始有蚕。①

---

①（宋）欧阳修、宋祁撰：《新唐书》卷 221 上《西域传》上《于阗传》，北京：中华书局点校本 1975 年版，第 6235 页。

这里虽未指明出丝的年代，但汉代西域诸国并不出丝，国人所着的服装都是毡褐一类的东西。于阗是西域诸国中产丝最早的地方之一，“人喜歌舞，工纺绩”①，蚕丝技术的传入于阗，最早当在汉代以后。此后又从于阗传入波斯、印度和拜占庭帝国等地。汉宣帝时，来长安的龟兹王，因羡慕汉朝的衣服制度，归国后“治宫室，作徼道周卫，出入传呼，撞钟鼓，如汉家仪。外国胡人皆曰：‘驴非驴，马非马，若龟兹王，所谓骡也。’”② 这也可见中原文化在龟兹传播的盛况了。龟兹人好音乐，“管弦伎乐，特善诸国”。土地肥沃，出葡萄、石榴，有粳稻、穈麦，多产金、铜、铁、铅、锡等，冶铸技术比较成熟。从“服饰锦褐，断发巾帽”记载可知，其纺织技术也称发达。再据“货用金钱、银钱、小铜钱”③ 的记载，可以窥见这里当时的商品交换也有一定的活跃程度。安西都护府即设在此地，驻重兵镇守，以维护横贯亚洲大陆的丝绸之路，龟兹就是丝绸之路在葱岭以东的一大要地。

吐鲁番是丝绸之路上贩运丝绸的又一要地，1967 年在吐鲁番墓葬中出土的唐代丝织品，色泽鲜艳，花纹优美，虽在一千多年后的今天，看来还是章采绮丽，令人赞叹不已！尤其值得注意的是，在这些丝织品中已经汲取了波斯纺织的风格，如联珠对孔雀“贵”字

---

① （宋）欧阳修、宋祁撰：《新唐书》卷 221 上《西域传》上《于阗传》，北京：中华书局点校本 1975 年版，第 6235 页。

② （汉）班固撰，（唐）颜师古注：《汉书》卷 96 下《西域传》，北京：中华书局点校本 1962 年版，第 3916—3917 页。

③ （唐）玄奘撰，章巽点校：《大唐西域记》卷 1《三十四国・屈支国》，上海：上海人民出版社 1977 年版，第 3 页。

纹饰，联珠对鸟对狮“同”字纹饰等[①]，显然是萨珊王朝的风格。波斯的纺织技术，来源于中国，到了后来，有其独特的风格，丰富了唐代的纺织纹饰。1969 年，在吐鲁番的墓葬里，还发现唐睿宗景龙四年（710 年）《〈论语〉郑氏注》写本残卷，抄写人是一个叫卜天寿的年仅 12 岁的义学学生。该卷末还写有《三台词》《千字文》和其他诗句。

上述材料，不仅有力地说明隋唐中原文化在新疆地区传播之广和影响之深，同时也雄辩地证明新疆自古以来就是我国领土不可分割的一部分。

自西汉张骞以后，汉族和葱岭以东诸民族政权始终保持着长期的经济文化交流，一方面汉文化传播葱岭以东，一方面葱岭以东诸民族政权的文化也传播中原。隋唐时期，葱岭以东诸民族政权的画家、音乐家来东方的，真是不一而足。唐初蜚声画坛的尉迟跋质那父子，便是于阗王室的后裔，所画佛像“用笔紧劲，如屈铁盘丝”[②]，自成风格。隋唐之际，以琵琶名家的白明达，是流寓长安的龟兹人，龟兹琵琶，风行一时。西域文明由于这些流寓中土的西域人的传播介绍[③]，遂更进一步和中原固有文化相交融，出现了新颖瑰丽充满民族风格的唐代艺术。

---

① 新疆维吾尔自治区博物馆、出土文物展览工作组：《“丝绸之路”上新发现的汉唐织物》，《文物》1972 年第 3 期。

② （唐）张彦远撰，韩放点校：《历代名画记》卷 9《唐朝》上《尉迟乙僧》，北京：京华出版社 2000 年版，第 70 页。

③ （唐）段安节撰，吴企明点校：《乐府杂录 · 琵琶》，中华书局点校本 2012 年版，第 130—133 页。

（五）隋唐和吐蕃的关系[①]

“吐蕃”一名，始于唐代，是今藏族的前身，系出自羌族中的发羌一支。公元7世纪以前，吐蕃以雅鲁藏布江为发祥之地，分布于康、藏、青海、河西一带，部落繁衍，不相统一。公元7世纪初，世居雅鲁藏布江流域作为藏族中心的吐蕃的首领松赞干布，统一诸部，统称吐蕃。

唐太宗贞观初年，松赞干布以拉萨为王都，奄有青藏高原的康、藏、青海之地，对臣下贵族以奴隶和土地相赏赐，建立了一个强盛的奴隶制吐蕃国。唐太宗贞观十五年（641年），松赞干布遣使长安请婚，唐朝当时亟于用兵高丽，为了安定西北边防，遂结好吐蕃，妻以文成公主。此后30年，吐蕃一方面和唐朝保持和亲，一方面则革新内政，逐渐推行封建制。与此同时，吐蕃沿河、湟而北，积极向河西和天山南麓伸张势力，严重地威胁着唐朝对葱岭以东诸民族政权的统治。到唐高宗咸亨元年（670年），吐蕃大举入侵唐境。唐朝当时正在全力出兵高丽，为了抵御吐蕃，才匆匆调回去高丽的军队，由薛仁贵督师。但因万里跋涉，不胜劳顿，在青海大非川（今青海共和西南切吉平原）一战，唐军大败。武后临朝，倾全力以御吐蕃，击溃吐蕃在葱岭以东的势力，并置重兵于河陇。直至玄宗朝，西北边陲得以相安无事。安史之乱起，河陇重兵悉数东调，边堠空虚，陇右尽没于吐蕃。

---

① 明孔按：这一专题，可参考金宝祥师《吐蕃的形成、发展及其和唐的关系》，《西北史地》1985年第1、2期；收入氏著，魏明孔、杨秀清选编《陇上学人文存·金宝祥卷》，兰州：甘肃人民出版社2012年版，第281—311页。

自文成公主下嫁松赞干布后，长安文化不断流入吐蕃，吐蕃统治者因欣慕中原文化，一方面派遣子弟前来长安学习诗、书等，一方面则向长安政府“请蚕种及造酒、碾硙、纸墨之匠”①。中宗景龙四年（710年），唐朝下嫁金城公主于吐蕃主弃隶索赞。唐朝赐以锦缯数万匹，杂技工匠一批，《龟兹乐》一部。玄宗开元十九年（731年），应公主要求，又给《毛诗》《礼记》《左传》《文选》各一部。这是继文成公主后，唐代长安文化的再度大量流入吐蕃。由于长安文化特别是手工业技术的流入吐蕃，遂使吐蕃的手工业技术也取得相应的发展。玄宗开元二十四年（736年），吐蕃遣使入唐，贡“金银器玩数百事，皆形制奇异”②，便是一个最好的例证。当时从长安到吐蕃的交通道上，运载着来自唐朝的丝织品、弓箭、茶叶等产品。德宗建中四年（783年），常鲁公出使吐蕃，唐代人李肇在《唐国史补》中如此记载其与赞普的对话：

> ……烹茶帐中，赞普问曰：“此为何物？”鲁公曰：“涤烦疗渴，所谓茶也。”赞普曰：“我此亦有。”遂命出之，以指曰：“此寿州者，此舒州者，此顾渚者，此蕲门者，此昌明者，此㴩湖者。”③

内地各处名茶，几乎都已输入吐蕃。随着商品的流通，自然也影响着吐蕃社会经济和文化的发展。

---

① （后晋）刘昫等撰：《旧唐书》卷196上《吐蕃传》，北京：中华书局点校本1975年版，第5222页。

② （后晋）刘昫等撰：《旧唐书》卷196上《吐蕃传》，北京：中华书局点校本1975年版，第5233页。

③ （唐）李肇：《唐国史补》卷下，上海：上海古籍出版社标点本1957年版，第66页。

唐德宗贞元（785—805年）以后，吐蕃由于长期的穷兵黩武，已是民穷财尽，灾荒累年，民族矛盾、阶级矛盾十分尖锐。加以在唐朝北结回鹘、南联南诏政策的积极推行下，使吐蕃在军事上遭受到很大的挫折。贞元六年（790年），吐蕃与回纥争夺北庭，吐蕃“死伤甚众”①，后来因征兵南诏，引起南诏的反击，神川一战，吐蕃10万大军全部被俘。这样，终于使强盛的吐蕃政权，开始走向衰落。

穆宗长庆元年（821年），吐蕃遣使前来长安求和请盟。唐朝以刘元鼎为会盟使，率领使臣和大队人马到拉萨会盟。会盟碑上刻着洮、岷以东，大唐国界，其西大蕃土地，双方不举兵革，永结和好。这时河陇沦陷已60余年，刘元鼎一行赴拉萨途中，途经兰州时，见“杭稻甚茂，桃李榆柳，漫山遍野”②。百姓皆唐人，闻唐使来，夹道观看。到龙支城（今甘肃乐都附近），有老者千人，自谓从军时被俘，子孙至今不敢忘唐服，唐兵何日再来？言毕皆呜咽流涕。正因为河陇百姓有迫切要求摆脱吐蕃奴役的意志和思念故国的深厚感情，所以到了吐蕃统治集团内讧十分激烈，民族矛盾、阶级矛盾相互激化的时候，沙州（治今敦煌西）人民在张议潮的领导下，联合各族人民，竖起反抗吐蕃奴隶主贵族的大旗，推翻吐蕃的统治，于唐宣宗大中二年（848年）收复沙州，到宣宗大中五年（851年）收复瓜（治今安西东）、伊（治今哈密）、西、甘（今张掖）、肃（今酒泉）、兰、鄯（今乐都）、河（今临夏）、岷（今岷）、廓（今青海化隆）

---

① （宋）司马光编著，（元）胡三省音注：《资治通鉴》卷234，唐德宗贞元十年（794年）正月条注文（北京：中华书局点校本1956年版，第7552页）：“争北庭事见上卷五年、六年。”

② （宋）欧阳修、宋祁撰：《新唐书》卷216下《吐蕃传》下，北京：中华书局点校本1975年版，第6102页。

等十州。张议潮以十一州地图户籍派其兄议潭上献长安。唐懿宗咸通二年（861 年），唐朝收复凉州（今甘肃武威），到了这时，陷没吐蕃百余年的广袤河陇地区，才全部收复。从此称雄唐代西部的吐蕃，也一蹶不振。

（六）隋唐和南诏的关系

南诏的先世是世居哀牢山脉中的乌蛮，和乌蛮同时的，还有居住在滇池、洱海一带的白蛮。乌蛮、白蛮是云南地区被称为蛮族的两大部落。至迟从战国时楚人庄蹻王滇后，汉族文化开始流入云南。遂使从曲靖到洱海以随畜迁徙为生的诸部落，渐渐向定居的农业生活发展。到了唐代初期，正如唐人樊绰在《蛮书》卷 4《名类》中指出的，当时云南地区已是“邑落相望，牛马被野”。当时洱海一带的白蛮，有六大部落，因称酋长为“诏”，故名“六诏”，其中蒙舍诏最南，故名南诏。南诏酋长原是白蛮张氏，唐太宗时，张氏让位给乌蛮蒙氏细奴逻，其他五诏皆依附吐蕃，唯独南诏遣子入朝，和唐保持亲密的关系。玄宗时，五诏衰微，南诏受唐朝支持，势力强盛，并吞五诏，攻击吐蕃，唐玄宗开元二十六年（738 年），唐封逻阁为云南王，希望作为唐朝牵制与打击吐蕃的一个重要力量，于是一个以大和城（今云南大理）为国都的南诏国，从此建立。

南诏政权建立后，为了统一蛮族诸部，便积极地向滇池一带伸张势力，这是符合南诏的历史发展规律的，但由于和唐朝的要求相背离，而时时受到唐朝的压制和阻挠。云南太守张虔陀对南诏王阁罗凤的百般侮辱，使阁罗凤不胜愤愤，起兵攻杀虔陀。唐玄宗天宝七载（751 年），剑南节度使鲜于仲通以大军进讨南诏，阁罗凤遣使谢罪，祈求和好，愿得自新，否则将依附吐蕃。仲通不听，泸南一战，唐朝士兵死亡达 6 万人，大败而还。南诏的势力也终于向东发展，占领滇池，并以吐蕃为靠山，和唐决裂。唐朝就这样失去了一个可以联结而没有联结起来的力量，在吐蕃势力严重威胁唐朝安危的情况下，这不能不说是唐朝对待南诏问题上的一个失策。到了德宗贞元年间（785—805 年），唐朝北结回鹘、南联南诏、西拒吐蕃的政策，已成为重要的国策。剑南节度使韦皋是这一政策的积极践行者。在韦皋的推行下，南诏王异牟寻于贞元九年（793 年）以帛书遣使者，到成都谒见韦皋。帛书陈述南诏世为唐臣，当年由于张虔陀、鲜于仲通的欺凌挞伐，自新无由，才不得不依附吐蕃，和唐失和。祖父阁罗凤死后，吐蕃欺孤背约，辜负部落，征发兵役，百姓不堪其苦，今愿竭诚自新，归款天子，与回鹘诸国，共击吐蕃，为唐立功。这封帛书，已表明唐朝南联南诏的政策已告成功。于是有贞元十年（794 年）异牟寻大破吐蕃于神川的胜利，也有南诏的摆脱吐蕃的羁绊，再次归唐，受唐册封的史实。但吐蕃在昆明、维州（今四川理县东北）的力量，依然是唐和南诏的一个威胁，只有给这个力量以毁灭性的打击，才能解除威胁。贞元十七年（801 年），唐和南诏联合作战，进围昆明、维州，唐朝与南诏的联合军取得了巨大的胜利，“虏众十万，歼夷者半”①。南诏王异牟寻在这次战役中，“虏获尤多，上遣中使慰抚之”②，因而受到唐朝的分外重视。

① （后晋）刘昫等撰：《旧唐书》卷 140《韦皋传》，北京：中华书局点校本 1975 年版，第 3824 页。

② （宋）司马光编著，（元）胡三省音注：《资治通鉴》卷 236，唐德宗贞元十七年（801 年）十月条，北京：中华书局点校本 1956 年版，第 7598 页。

南诏自战胜吐蕃后，工农业生产有了长足进步，国势日振，作为一个统一的奴隶制政权，已不甘受屈辱，而有向外掠夺财富、扩充领土的迫切要求。如果说贞元十七年（801 年）以前，南诏为反对吐蕃的奴役、掠夺而进行的战争，是正义的话，那么，从这以后，随着奴隶制政权的巩固、强化，向汉族地区进行掠夺和占领的战争，便是非正义的了。唐文宗太和时（827—835 年），西川节度使杜文颖不修战备，广事搜刮，减削士兵衣粮，致士兵缺少衣食，纷纷向南诏边境流窜，进行寇掠，把蜀中虚实一一告诉南诏，成为南诏入侵成都的重要依据。文宗太和三年（829 年），南诏以蜀中士兵为向导，大举向四川骚扰，攻陷成都后，“大掠子女、百工数万人及珍货而去”①。懿宗咸通十一年（870 年）、僖宗乾符元年（874 年），南诏两次入邛崃关（今四川雅安荥经县境内），寇掠成都。当时正是嗜于杀戮的南诏王酋龙在位之时，“兵出无宁岁，诸国更雠忿”，“男子十五以下悉发，妇耕以饷军”②，民族矛盾、阶级矛盾都达到十分尖锐的地步。所以从唐懿宗咸通（860—874 年）以后，南诏虽然陷安南、破黔州、盗西川，但在汉族和南诏人民反对战争，要求友好的强烈愿望下，到了僖宗中和三年（883 年），终于向唐求婚，唐嫁以安化公主，双方又恢复友好合作的关系。

中唐以后，南诏因受汉族生产技术的影响，农业生产，颇称丰

---

① （宋）司马光编著，（元）胡三省音注：《资治通鉴》卷 244，唐文宗太和三年（829 年）十二月条，北京：中华书局点校本 1956 年版，第 7868 页。

② （宋）欧阳修、宋祁撰：《新唐书》卷 222 中《南蛮传》，北京：中华书局点校本 1975 年版，第 6289 页。

美，《蛮书》云“蛮治山田，殊为精好”，“浇田皆用原泉，水旱无损”[①]。丁壮受田，岁输米二斗，并服兵役，也显然是受唐代均田制的影响。自唐德宗贞元十年（794 年）后的 50 年间，南诏每年派遣大批贵族子弟来成都学习书算。自太和三年（829 年）掳掠成都子女百工后，南诏的纺织技术，“与中国埒”[②]。《蛮书》云“俗不解织绫罗。自太和三年（829 年）蛮贼寇西川，掳掠巧儿及女工非少，如今悉解织绫罗也。”[③] 由此可见，南诏封建国家经济文化之得以迅速发展，与受汉文化的影响，自有密切关系。

---

① （唐）樊绰撰，向达原校、木芹补注：《云南志补注》，昆明：云南人民出版社 1995 年版，第 100 页。

② （宋）欧阳修、宋祁撰：《新唐书》卷 222 中《南蛮传》，北京：中华书局点校本 1975 年版，第 6282 页。

③ （唐）樊绰撰，向达原校、木芹补注：《云南志补注》，昆明：云南人民出版社 1995 年版，第 100 页。

九、隋唐中国和亚洲各国的关系

隋唐时代中国和亚洲各国的关系，这里主要指中国和亚洲各国人民在经济、文化诸方面的交流，而有些时候，这种交流是以战争的形式出现的。自汉代以后，中国和亚洲各国的海、陆交通，均已经畅通。到了隋唐，由于中国和日本、阿拉伯等国家生产力、社会分工的进一步发展，商业资本的抬头，进一步促进了相互间经济、文化的交流和友好交往活动。

（一）隋唐时代中外海陆交通的畅通

中国历史上，中外的交通路线并非仅仅由国内统治者为广拓疆土而发动的战争所开辟，更多由中外各国人民因商业上的长期往返而逐渐形成的。具体地讲，中外交通路线是在自然经济占优势的条件下，由于商品生产的逐渐发展，中外商人为了以不等价的方式积累商业资本，遂由商业上的往返而逐渐形成的。到了隋唐时代，随着生产力的发展尤其是交通工具的改进，这种中外交通往返，显得更加频繁，所以中外的海、陆交通也更加畅通。

先就隋唐和日本的海上交通而论，从山东的登州（今山东蓬莱）渡海，沿辽东半岛、朝鲜半岛，过济州岛直达九州；或从明州（今浙江宁波南）出发，横渡东海，直达九州。日本遣隋使、遣唐使来中国的航线，和中国商人赴日本的航线基本一致。当时自登州至九州或自明州至九州；以及自九州至登州或自九州至明州，波涛汹涌，风暴时起，船只被淹沉的，不论东去西来，几乎每次都有，但中日商人、使者的往返，依然络绎不绝。

当时赴日本的中国商人携带的货物，主要为佛经、佛像、丝织物、药材、香料、茶叶等。日本来华遣隋使、遣唐使携带的货物，主要为水银、丝、绢、绵、帛等。现在大量的唐代“开元通宝”铜币已在日本出土，日本的“和同开宝”银币也在西安市南郊等地出土①，这些都足以证明隋唐时期中日经济友好往来。

再就和西亚的海上交通而论，隋唐时期自波斯湾到广州的海上，交织着东西往来的船舶。中国的丝织品、漆器、瓷器等，不断输入印度、波斯、阿拉伯诸国；而印度、波斯、阿拉伯诸国的药材、香料等，也源源不断地输入中国。隋唐时期与西亚诸国海上贸易的繁盛，远胜前代。自波斯湾到广州的路线，先从波斯湾的末罗出发，经乌刺渡阿拉伯海，到印度最南境的秣罗矩吒②；北行达师子国，沿

① 天津市历史研究所日本史研究室：《古代中日关系和经济文化交流》（油印本），第 20 页。

② （唐）玄奘撰，章巽点校：《大唐西域记》卷 10《十七国》，上海：上海人民出版社 1977 年版，第 227—250 页。

孟加拉湾到缅甸的拘蒌蜜[①]，南行经马来半岛西海岸的拘利[②]，渡马六甲海峡抵比嵩，再北行，沿暹罗湾、东京湾（北部湾）直抵交州的龙编，过龙编以后便到广州。广州是当时国际的著名商港，唐政府在这里设有市舶司，专管西亚南海商人在广州的经商等事务。西亚南海商舶航海而东的，大都停泊于广州，数量可观的船只满载“香药、珍宝，积载如山”[③]。西亚商人到达广州以后，便越大庾岭，取水道到洪州（今江西南昌），再由洪州沿江而东，直达扬州，所以扬州也是唐代西亚商人的麇集之地。肃宗上元元年（760 年），平卢节度副使田神功讨宋州刺史刘展于扬州时，“神功兵至扬州，大掠居人，发冢墓，大食、波斯贾胡死者数千人”[④]，即其例证。而在唐代文献中，关于扬州、长安波斯邸的记载，也不一而足。由于西亚商人的东西贸易，遂使中西文化到了唐代得到了进一步的交流传播。

至于和西亚的陆上交通，汉代以后，已很发达。西亚的艺术文明，主要便从陆路传入中国，而中国的丝绸和织丝术、纸和造纸术等，也主要从陆路传入中亚，再由中亚传入波斯、阿拉伯和印度等地。唐代通西亚的陆上要道和裴矩《西域图记》所记隋代通西亚的

---

① （宋）欧阳修、宋祁撰：《新唐书》卷 222 下《南蛮传》，北京：中华书局点校本 1975 年版，第 6300 页。

② （唐）杜佑撰，王永兴、刘俊文、王文锦、徐庭云、谢方等校注：《通典》卷 188《边防典》四，北京：中华书局点校本 1988 年版，第 5103 页。

③ ［日］真人元开著，汪向荣校注：《唐大和上东征传》，北京：中华书局点校本 1979 年版，第 74 页。

④ （宋）欧阳修、宋祁撰：《新唐书》卷 141《邓景山传》，北京：中华书局点校本 1975 年版，第 4655 页。

三条道路[①]基本一致。敦煌始终是中国内地通往西亚的咽喉，同时也是西亚商人、使者、教士的聚集之地。西亚的佛教艺术，自北朝以来，已在敦煌生根结蒂。富商豪贾之经商西亚的，为了获得巨富，大都在鸣沙山求神祈祷，鸠工建立石窟，图壁画，塑佛像；而中国的画师塑匠，在汉、魏传统艺术的基础上，不断汲取外来成分，遂使中国艺术成为一种富有民族风格的新兴艺术，敦煌千佛洞也便成为独步世界的艺术宝藏。其影响远及张掖的马蹄寺、武威的天梯山、永靖的炳灵寺、天水的麦积山等等。所有这一连串莹晶多彩的石窟艺术，是千百年间中国人民和西亚人民在文化艺术上长期友好交往的结晶。

（二）隋唐和越南的关系

中越两国素称唇齿之邦，越南东北部和我国广西相接壤，山脉河流息息相通。秦设南海、桂林、象郡，象郡即在越南北部。西汉改象郡为交阯郡，郡治交阯，即今越南河内西北，是汉代对外贸易的主要港口之一。西越商贾教士航海来中国的，皆从交阯登陆。唐设安南都护府，府治交州，即交阯，仍为当时有名商港之一。

汉唐以来，中越两国联系极为密切，但作为封建经济、政治高度发展的中国，往往以上国的地位，对邻近弱小的国家进行羁縻怀柔政策。唐宪宗元和四年（809 年），当地居民与唐朝安南都护发生激烈冲突，最后被唐军镇压，“斩三万级，虏王子五十九，获战象、

① （唐）魏徵等撰：《隋书》卷 67《裴矩传》，北京：中华书局点校本 1973 年版，第 1580—1581 页。

舠、铠”等[①]。宣宗大中年间（847—860 年），安南都护李涿“为政贪暴，强市蛮中马、牛，一头止与盐一斗”[②]。这引起安南地区百姓的不满，遂联合南诏，两次攻陷交阯，但均遭到唐朝军队的镇压。但安南百姓在南诏声援下的反抗斗争并未止息。咸通九年（868 年），唐朝防戍在桂林的戍卒因久戍不还而发动的一次兵变，当和安南百姓在南诏声援下的反抗斗争，不无关系。

历史上，中越两国人民主体上是互相支援的，他们是中越两国经济、文化的主要传播者。中国的诗文艺术、农田牛耕技术、手工工艺等，都长期而广泛地传入越南。越南的许多特产也不断流入中国。汉代最早在哀牢夷居地永昌郡（今云南省西部）种植的木棉，就是从越南沿红河传入云南的。《齐民要术》引用《吴录·地理志》指出：

> 交阯定安县有木棉树，高丈，实如酒杯，口有绵，如蚕之绵也。又可作布，名曰“白緤”，一名“毛布”。[③]

东汉明帝时，永昌郡的居民已能织成文彩如绫绢的绵华布。唐代，越南几次遣使前往长安，献白鹦鹉、驯象、沉香、琥珀、鲜白氎等，而交趾的菠萝蜜等，唐代已开始在云南等地种植。

---

① （宋）欧阳修、宋祁撰：《新唐书》卷 222 下《南蛮传》。中华书局点校本 1975 年版，第 6298 页。

② （宋）司马光编著，（元）胡三省音注：《资治通鉴》卷 249，唐宣宗大中十二年（858 年）六月条，中华书局点校本 1956 年版，第 8070 页。

③ （北魏）贾思勰著，缪启愉、缪桂龙撰：《齐民要术译注》卷 10《木棉》，上海：上海古籍出版社 2006 年版，第 834 页。

（三）隋唐和朝鲜半岛的关系

中国和朝鲜，自古以来就是唇齿相依的兄弟之邦，早在殷、周之际，汉文化已开始流入朝鲜半岛。秦汉时期，每当中原发生战争，总有不少汉人流寓朝鲜半岛。西汉末叶，朝鲜半岛先后建立高丽、百济、新罗三国。高丽在半岛北部，新罗在东南部，百济在西南部。朝鲜半岛三国人民都和中国人民保持着亲密友好的关系。这种亲密友好的关系是在各国人民反对民族压迫、民族蹂躏的斗争中获得的。历史是人民群众的事业，隋唐时期中原王朝与朝鲜半岛的交往，充分说明了这一点。

隋王朝由于对高丽的戒备而进行的多次讨伐，依然为唐太宗李世民所继承。李世民说，他之所以讨伐高丽，第一是要为隋末死于高丽的中国人报仇，第二是因高丽叛臣盖苏文的弑君篡权，要为高丽人复仇。实际上，唐太宗时代讨伐高丽的真正原因，是当时在东西突厥已被击溃、吐蕃和唐还保持和亲的情势下，对多年来与靺鞨、薛延陀等我国草原边塞民族相勾结的高丽很是不满，决心要趁机将其并吞掉。正如唐太宗自己所言：

> 今天下大定，唯辽东未宾，后嗣因士马盛强，谋臣导以征讨，丧乱方始，朕故自取之，不遗后世忧也①。

贞观十九年（645 年），唐朝对高丽发动了战争，遭到高丽的抵抗，最后唐军被逼退兵。到高宗李治时，再次向高丽发动了进攻。

① （宋）欧阳修、宋祁撰：《新唐书》卷 220《东夷传》，北京：中华书局点校本 1975 年版，第 6190 页。

总章元年（668年），唐军一度占领了高丽、百济，但在被占领地区军民的反抗下，同时在吐蕃向河陇地区大举进扰的紧急情势下，唐政府最后不得不放弃对高丽的战争。

唐玄宗开元二十四年（736年），新罗统一了朝鲜半岛。新罗统一后，不断派遣留学生前来唐朝求学。这样，在新罗的读书人，几乎都通汉学。中国的典章制度、天文历法、文学艺术等，都一一流行于新罗。如今韩国古都庆州一带所保留的新罗统一时期的遗迹，如砖塔、佛像等，都带有唐代遗风。中国的绫锦、丝布、茶叶等，不断被贩运到朝鲜半岛；朝鲜半岛的人参、附子等，也不断输入中国内地。这里仅就高丽在隋代的音乐影响，做一说明：

> 高丽，歌曲有《芝栖》，舞曲有《歌芝栖》。乐器有弹筝、卧箜篌、竖箜篌、琵琶、五弦、笛、笙、箫、小筚篥、桃皮筚篥、腰鼓、齐鼓、担鼓、贝等十四种。[1]

由于商业上的往返，唐代两地人民的关系也更加密切。据不完全统计，唐代中叶，流寓江淮之间的高丽人便有3.8万余人。这些零星材料也说明了中朝两国关系的历史悠久和亲密程度。

（四）隋唐与日本的关系

中国内地文化东渡日本，始于秦代。自汉代光武帝给予九州酋

---

① （唐）魏徵等撰：《隋书》卷15《音乐志》下，北京：中华书局点校本1973年版，第380页。

长以日本国王的金印后[①]，两国互遣使臣。北魏时，“东夷来附者，处扶桑馆，赐宅慕化里”[②]。隋文帝开皇二十年（600年），“倭王姓阿每，字多利思比孤，号阿辈鸡弥，遣使诣阙。上令所司访其风俗”[③]。隋炀帝大业年间（605—618年），日本至少两次派遣小野妹子为遣隋使来华。大业三年（607年），日本国王“多利思比孤遣使朝贡。使者曰：‘闻海西菩萨天子重兴佛法，故遣朝拜，兼沙门数十人来学佛法。’其国书曰：‘日出处天子致书日没处天子无恙’”。次年，隋朝派遣文林郎裴清出使倭国[④]。小野妹子第二次来华时，有八名留学生随同前来，因羡慕中国文化，其留居中国时间长达二三十年之久。到了唐代，日本遣唐使的派遣更是频繁。

隋及唐初，日本社会正处于由奴隶制向封建制转变的时期，反抗奴隶主贵族的斗争形势，迫使皇室和新兴贵族在政治上、经济上进行自上而下的革新，削弱旧贵族的势力，建立一个以隋唐封建专制主义中央集权帝国为榜样的国家，来巩固正在形成中的封建生产关系。遣隋使、遣唐使的频频派遣，正说明日本统治者虚心学习以巩固封建所有制的政治的、文化的上层建筑。当时在新贵族的支持

---

① （南朝·宋）范晔撰，（唐）李贤等注《后汉书》卷85《东夷传》（北京：中华书局点校本1965年版，第2821页）：“建武中元二年（57年），倭奴国奉贡朝贺，使人自称大夫，倭国之极南界也。光武赐以印绶。安帝永初元年（107年），倭国王帅升等献生口百六十人，愿请见”。

② （北魏）杨衒之撰，周祖谟校释：《洛阳伽蓝记校释》卷3《城南》，北京：中华书局点校本2013年版，第111—112页。

③ （唐）魏徵等撰：《隋书》卷81《东夷传》，北京：中华书局点校本1973年版，第1826页。

④ （唐）魏徵等撰：《隋书》卷81《东夷传》，北京：中华书局点校本1973年版，第1827页。

下，没收旧贵族的土地、奴隶，仿照唐代均田制，把土地分给人民，实行租庸调制，确立中央集权的政治制度，使日本的政治、文化和经济，呈现出一派繁荣昌盛的景象。

从6世纪末叶到9世纪末叶的遣隋使、遣唐使及其随行人员，为了汲取中国文化智慧，促进中日两国的友好关系，不避风险，航海来华，这种无所畏惧的精神，令人赞叹不已。尽管日本在当时所汲取的主要是巩固封建所有制的政治和文化，但同时也汲取了唐代先进的民间文化，先进的工艺技术和科学文明等。在汲取隋唐先进文化的基础上，才有光彩绚烂具有独特风格的日本文化的出现。因此，光彩绚烂的日本文化的出现，遣隋使、遣唐使的历史功绩毋庸置疑。同样，日本的优秀文化，通过遣隋使、遣唐使的传播，也对隋唐时期的文化产生过积极的影响。

就唐朝来说，日本遣唐使的派遣，不会少于18次。每次遣唐使中都有不少留学生同来。日本遣唐使来到中国后，都穿唐朝的衣服，学唐朝的语言，信唐朝的宗教。不仅如此，有的遣唐使还在中国做了官，久留不归。唐玄宗开元初，日本人阿部仲麻吕来到中国，改名晁衡，晁衡娴熟于唐诗，与当时著名诗人王维（701—761年）、李白等相友善，唐玄宗擢其为秘书监。天宝十二年（753年），晁衡和双目失明的唐僧鉴真一道东渡日本，王维作《送秘书晁监还日本国》相赠：

积水不可极，
安知沧海东。
九州何处远，
万里若乘空。

向国惟看日，
归帆但信风。
鳌身映天黑，
鱼眼射波红。
乡树扶桑外，
主人孤岛中。
别离方异域，
音信若为通。

由此可见，王维与晁衡的感情是非常深厚的。因中途遇风暴，漂泊抵安南，同舟死者过半，而晁衡却幸运遇救，他从安南再回长安。而李白听信传言，以为晁衡归国途中遇难，才写下了这首《哭晁卿衡》绝唱：

日本晁卿辞帝都，
征帆一片绕蓬壶。
明月不归沉碧海，
白云愁色满苍梧。

晁衡于肃宗上元年间（760—761年），任安南都护，最后老死于唐。与其同行的鉴真和尚却终于到达日本，日皇亲自出迎。鉴真以《华严经》和其他经典数百卷相传播，同时还把佛教的建筑、雕塑艺术、医学等传入日本。至今还保存的奈良唐招提寺，就是在鉴真的规划下，仿效唐代建筑而建造的一所佛寺。鉴真精通医理，他的《鉴上人秘方》就是他治疗疑难病症的医方。鉴真一直受到日本人民的景仰，是中日友好文化的使者。和阿部仲麻吕（晁衡）同时来华的吉备真备，在长安留学长达19年之久，归国后，以天文、明法、算术、音韵等教授弟子，在日本传播唐朝文化方面做出了重要的贡献。

自隋唐文化传入日本后，日本的诗文、艺术、医学、历算、建筑、工艺等无不受到了深刻的影响，而又保留其独特的风格。8世纪中叶以后，日本读书人模拟唐诗，已成风气。孙思邈的《备急千金要方》、僧一行的《大衍历》等，促进了日本医学、历算的发展。日本奈良、京都的城市建筑，完全效仿唐代的长安、洛阳，寺院的佛像壁画从形象、服饰、色彩来看，都带有唐代风格。奈良正仓院如今还保存着唐代的许多工艺珍品，如丝履、铜镜、琵琶、箜篌等等，其中大部分都是唐朝的输入品，也有日本工匠的仿制品，在漆地上露出金银花纹的金银平脱琴，镶嵌螺钿的螺钿紫檀五弦琵琶，等等，就是中日文化交流的产物。①

（五）隋唐和中亚、西亚各国的关系

中亚各国，主要指药杀水②和乌浒水③之间由昭武九姓所建立的几个民族政权。昭武九姓原来是属于突厥的月氏人种，月氏本居祁连山北的昭武城，即今甘肃张掖西北。汉文帝时，月氏为匈奴所破，西入中亚，分为九姓。九姓是康、安、曹、石、米、何、火寻、戊地、史。隋及唐初，西突厥的势力控制着葱岭东西，昭武九姓一度成为突厥的附庸。唐高宗显庆二年（657年），苏定方平西突厥，唐

① 天津市历史研究所日本史研究室：《古代中日关系和经济文化交流》（油印本），第41—42页。

② 按：药杀水，即亚洲中部的内陆河锡尔河。

③ 按：乌浒水，指中亚阿姆河。

朝的势力才远出葱岭，移安西都护府于龟兹，统辖四镇，“其所役属诸国，皆置州府，西尽波斯，并隶安西都护府”[①]。而“四镇都督府，州三十四；西域都护府十六，州七十二”[②]。从此，中西陆路交通更加畅通，中西文化的交流也更加深入，而昭武九姓正是当时中西文化的主要传播者。

北魏时，西亚人之来中国经商传教的，为数已多。《洛阳伽蓝记》记载：

……自葱岭已西，至于大秦，百国千城，莫不款附，商胡贩客，日奔塞下，所谓尽天地之区已。乐中国土风因而宅者，不可胜数。是以附化之民，万有余家。门巷修整，阊阖填列，青槐荫陌，绿柳垂庭。天下难得之货，咸悉在焉。[③]

这些商胡蕃客大多数便是昭武九姓人，他们前来中国的主要任务是经商、传教。善于经商的康国人，是“丈夫年二十，去傍国，利所在无不至”[④]。北朝以来，西亚人的足迹已遍及河西地区。隋代，中亚等地的音乐，已经成为中原宫廷音乐的重要组成部分：

始开皇（581—600 年）初定令，置《七部乐》：一曰《国伎》，二曰《清商伎》，三曰《高丽伎》，四曰《天竺

① （宋）司马光编著，（元）胡三省音注：《资治通鉴》卷 200，唐高宗显庆三年（685 年）十一月条，北京：中华书局点校本 1956 年版，第 6310—6311 页。

② （宋）司马光编著，（元）胡三省音注：《资治通鉴》卷 200，唐高宗显庆三年（685 年）十一月条注文，北京：中华书局点校本 1956 年版，第 6311 页。

③ （北魏）杨衒之撰，周祖谟校释：《洛阳伽蓝记校释》卷 3《城南》，北京：中华书局点校本 2013 年版，第 112 页。

④ （宋）欧阳修、宋祁撰：《新唐书》卷 221 下《西域传》下《康国传》，北京：中华书局点校本 1975 年版，第 6244 页。

伎》，五曰《安国伎》，六曰《龟兹伎》，七曰《文康伎》。又杂有疏勒、扶南、康国、百济、突厥、新罗、倭国等伎。

……

及大业（605—618 年）中，炀帝乃定《清乐》《西凉》《龟兹》《天竺》《康国》《疏勒》《安国》《高丽》《礼毕》，以为《九部》。乐器工衣创造既成，大备于兹矣。①

由此看来，隋代以音乐为代表的文化艺术的国际化程度比较高。唐代在隋代的基础上有了进一步的发展。唐初，凉州安兴贵一家，就是北魏时传入火祆教的安难陀的后裔。随着昭武九姓的教士、商贾、使者同来东方的，还有不少画家、音乐家等，如北齐时的曹仲达②、曹妙达便是以画佛像、琵琶闻名于当时。印度铁线条画风，主要便由曹国人传入中国，其笔画刚劲流利，和中国固有的潇洒神韵的画风，互相媲美。唐代名家吴道玄一方面继承了汉魏六朝的固有画风，另一方面则吸收了西域画风。吴道玄笔势圆转，柔媚挺秀，而人物衣带，绝不板滞③。至于曹妙达④一家所传入的龟兹琵琶，经过隋及唐初万宝常、祖孝孙的改弦移柱、上下按捺等方法的改进，已能弹出更多的声调来，使西域音乐在中国大大地推进一步。

---

①（唐）魏徵等撰：《隋书》卷 15《音乐志》下，北京：中华书局点校本 1973 年版，第 376—377 页。

②（唐）张彦远撰，韩放点校：《历代名画记》卷 8《北齐 · 曹仲达》，北京：京华出版社 2000 年版，第 65 页。

③（唐）张彦远撰，韩放点校：《历代名画记》卷 9《唐朝》上《吴道玄》，北京：京华出版社 2000 年版，第 71—72 页。

④（唐）魏徵等撰：《隋书》卷 14《音乐志》中，北京：中华书局点校本 1973 年版，第 331 页；卷 15《音乐志》下，第 378 页。

隋唐和西亚诸国有密切关系的，当推波斯、大食、拜占庭[①]三国。

公元4世纪末叶，罗马帝国分东西两部，东罗马帝国因以拜占庭为都城，又称拜占庭帝国。汉代称犁靬，大秦系东汉以后罗马帝国的泛称。隋唐称拜占庭为拂菻。从唐代贞观到开元年间，拜占庭至少前后五次遣使来华。唐代初期，中国的缫丝纺织技术，已传入拜占庭。作为基督教之一的聂斯脱里派即景教，就起源于拜占庭帝国，并被看作基督教的异端，而于唐太宗贞观九年（635年）传入中国。贞观十二年（638年），唐太宗准许在长安义宁坊建立寺院一所，初名波斯寺，后改名大秦寺。聂斯脱里派被视为异端后，教徒逃亡波斯，以波斯为基地，四处传教，贞观时来中国传教的就有波斯僧阿罗本[②]。唐玄宗天宝四载（745年）九月诏书，也称景教为“波斯经教”[③]。德宗建中二年（781年）由大秦寺僧景净撰写的《大秦景教流行中国碑》[④]，才正式见到“景教”二字。景为“大”的意思，景教就是“大教”。被东罗马统治者视为异端的景教，居然在唐帝国的

---

① 按：中国史籍将拜占庭称为“大秦”，也名“拂菻”或“海西国”等。

② （宋）王溥撰《唐会要》卷49《大秦寺》（上海：上海古籍出版社点校本2006年版，第1011—1012页）：“贞观十二年（638年）七月，诏曰：‘道无常名，圣无常体，随方设教，密济众生。波斯僧阿罗本远将经教来献上京，祥其教旨，玄妙无为，生成立要，济物利人，宜行天下。所司即于义宁坊建寺一所，度僧廿一人。’”

③ （宋）王溥撰《唐会要》卷49《大秦寺》（上海：上海古籍出版社点校本2006年版，第1012页）：“天宝四载（745年）九月，诏曰：‘波斯经教，出自大秦，传习而来，久行中国，爰初建寺，因以为名。将欲示人，必修其本，其两京波斯寺，宜改为大秦寺，天下诸府郡置者，亦准此。’”

④ 按：《大秦景教流行中国碑》由景教传教士伊斯出资，景净撰述，吕秀岩书刻，于唐德宗建中二年（782年）在长安大秦寺落成，后被掩埋地下，明代天启年间（1621—1627年）出土，现藏于西安碑林博物馆。

长安等地流传，这就可以看出唐朝气象的恢宏，而当时长安成为各种民族、宗教、文化汇合的中心，也绝非偶然。

波斯，汉代称安息，为丝绸之路上一个重要的国家。

汉、魏以后，中国的蚕丝技术已经传入中亚，由中亚至印度再至波斯以至欧洲。波斯在萨珊王朝时，已能织出富有佛教艺术风格的纹锦；唐玄奘（602—664 年）西行，也说波斯“工织大锦、细褐”等，“多工伎，凡诸造作，邻境所重”。[①] 唐代以前，波斯已是垄断中国丝绸贸易的唯一国家，为了垄断这一权利，不让拜占庭染指其中，波斯和拜占庭不断发生军事冲突。拜占庭帝国为了解除波斯的垄断，除了军事冲突外，也派人经海道从印度购买中国丝绸，并且逐渐掌握了缫丝技术。

唐朝初期，大食即阿拉伯兴起，不断向外扩张。太宗贞观十六年（642 年），大食灭萨珊王朝，继续东进，公元 8 世纪初，大食的势力已和唐朝西部边疆相接触。波斯被大食破灭后，波斯商人来唐经商的，依然频繁，萨珊王朝的银币，也大量地在今吐鲁番、西宁、西安等地相继被发现。波斯国教的祆教即拜火教，北魏时就已传入中国，以火为善良的象征。唐初，长安的崇化坊、醴泉坊、普宁坊等处，都设有胡祆祠。武曌延载元年（694 年），由波斯人摩尼创设的摩尼教也自波斯传入中国。摩尼教倡明暗二元论，崇拜光明，又称明教。摩尼教后遭祆教排斥，教徒纷纷东迁，避难中亚。摩尼教传入中国后，依靠对平定安史之乱有功的回鹘毗伽可汗的大力支持，

---

① （唐）玄奘撰，章巽点校：《大唐西域记》卷 11《二十三国 · 波剌斯等三国》，上海：上海人民出版社 1977 年版，第 275—276 页。

于代宗大历三年（768 年）得到唐朝的允许，在长安建立摩尼寺；大历六年（771 年），又允许在荆州、扬州、洪州和越州等地建立寺院。作为波斯国教异端的摩尼教，安史之乱后在中国得到广泛的传播[①]，北宋末年方腊起义时，已经成为不少农民信仰的宗教了。

阿拉伯即汉代的条枝，唐名大食。大食灭波斯后，开始和唐朝在中亚接壤。唐高宗永徽二年（651 年），大食第一次派遣使者来唐[②]。此后双方的使者、僧侣、商人等往返不绝。当时唐朝在西突厥的故地设置州县，进行实际有效的统治。唐高宗咸亨元年（670 年），吐蕃攻陷安西四镇，唐和葱岭以西诸国失去联系，大食的势力又步步东进。如何收复安西四镇，已成为唐王朝的迫切任务。这一任务，到武曌长寿元年（692 年），由于王孝杰大破吐蕃终于实现。自此以后，唐朝经营西域，主要是坚守葱岭，维护安西四镇。只有维护安西四镇，才能坚守葱岭；只有坚守葱岭，才能抗御西边的大食以及西南地区的吐蕃。唐玄宗天宝六载（747 年），高仙芝率领大军，越过高峻的帕米尔，在娑勒川南的连云堡大败吐蕃。然后向中亚进兵，准备和大食决战，对于当时依违于唐和大食之间的石国，先行讨伐。石国王自愿归降，高仙芝为了掠夺石国财货，把归降的国王和俘虏全部杀光。“掠得瑟瑟（碧珠）十余斛，黄金五六橐驼，其余口马杂

---

① （宋）王溥撰《唐会要》卷 49《摩尼寺》（上海：上海古籍出版社点校本 2006 年版，第 1012 页）：“贞元十五年（799 年）四月，以久旱，令摩尼师祈雨。元和二年（807 年）正月庚子，回纥请于河南府、太原府置摩尼寺，许之。会昌三年（843 年）敕：‘摩尼寺庄宅钱物，并委功德使及御史台、京兆府差官检点。在京外宅修功德回纥，并勒冠带，摩尼寺委中书门下条疏奏闻。’”

② （宋）王溥撰：《唐会要》卷 100《大食国》（上海：上海古籍出版社点校本 2006 年版，第 2126 页）：“永徽二年八月，大食遣朝贡。”按：此后，大食的朝贡时断时续，“开元初，（大食）遣使来朝，进良马、宝钿带”；“至德初，遣使朝贡”；“宝应初，其使又至”。

货称是”，这些财富“皆入其家”①，因而大失人心，昭武九姓怨叛，最后纷纷归附大食帝国。唐玄宗天宝十载（751 年），高仙芝在怛逻斯和大食决战，由于失去昭武九姓的支持，最后唐军以失败告终。

从唐开国到怛逻斯之役这一百三四十年间，波斯、大食、唐王朝之间发动的战争，犹如狂飙，时起时灭。尽管波斯、大食、唐王朝盛极一时，但由于它们多次发动的战争，最后总要受到各族人民的共同反抗而走向衰落。

怛逻斯之役，唐军虽然失败，但却促进了手工业生产技术向西方传播。唐代中叶以后，中国的造纸术也开始越过葱岭向西传播。当时为大食所俘虏的军队中，有一些是造纸工匠，大食人便利用中国工匠在撒马尔干设立造纸工场，“造纸之术由是传布于回教诸国，而流传至于西方”②。昔日在中亚一带流行的羊皮纸、芦纸，也逐渐被洁白光滑、便于书写的中国纸所淘汰。怛逻斯一役，有个被俘的唐代宰相杜佑（735—812 年）的族子杜环③归国后，撰《经行记》，对大食国都亚俱罗作了一段很有价值的叙述：

锦绣珠贝，满于市肆。……绫绢机杼，金银匠，画匠，汉匠起作画者，京兆人樊淑、刘泚，织络者，河东人乐缳、

---

① （宋）司马光编著，（元）胡三省音注：《资治通鉴》卷 216，唐玄宗天宝九载（750 年）十二月条，北京：中华书局点校本 1956 年版，第 6901 页。

② ［法］沙畹著，冯承钧译：《西突厥史料》，北京：中华书局点校本 2004 年版，第 274 页。

③ 按：（唐）杜佑撰《通典》卷 191《边防典》七《西戎》三《西戎总序》注文（北京：中华书局影印本 1984 年版，第 1029 页）：杜佑“族子（杜）环随镇西节度使高仙芝西征，天宝十载至西海。宝应初因贾商船舶自广州而回，著《经行记》。”

吕礼。[1]

这不但可见当时中国工艺美术向西方传播产生的影响，而且足以证明历史上中国和阿拉伯国家的友好合作关系。[2]

（六）隋唐和印度的关系

印度在我国的记载有天竺、身毒等不同称呼。印度和我国正式产生关系，当在西汉张骞通西域之后。自此以后，印度的佛教和佛教艺术开始东渐。东汉明帝时，印度沙门摩腾、竺法兰同来洛阳，居住在白马寺，译《四十二章经》一卷，这是见于记载最早译成汉文的一部佛经。魏晋到北朝以来，印度僧人来华的每代都有，姚秦时鸠摩罗什来长安，和沙门僧叡、僧肇等800余人，共译经论300余卷，所译皆为大乘。大乘教义，叫人偏重抽象的思维，来领悟宇宙万物实是一个幻有。“隋炀帝志通西域，诸国多至，惟天竺不通。”[3]这说明中原王朝与印度的联系早已有之。

唐太宗贞观二年（628年），洛州人玄奘为了进一步探究旨在否定物质世界存在的大乘教义，亲赴印度求法。贞观十九年（645年），玄奘学成归长安，以毕生精力，宣扬法相宗一派的所谓哲理。玄奘之后，出于统治者的需要，大乘各宗如三论、天台、华严等，都在佛教哲理上独出心裁，变换形式，用以更好地麻痹人民。至于安史

---

① （唐）杜环著，张一纯笺注：《经行记笺注》十《大食国》，北京：中华书局点校本1963年版，第52—55页。

② 按：据不完全统计，从唐高宗永徽二年（651年）至德宗贞元十四年（798年）之间，大食前来唐的不少于36次。

③ （宋）王溥撰：《唐会要》卷100《天竺国》，上海：上海古籍出版社点校本2006年版，第2122页。

之乱后，素称教外别传的佛教宗派之一的禅宗，则完全是借佛教之名而以儒学为内容的一种中国化的佛教哲学了。

所以佛教虽起源于印度，但东传以后，由于统治者的迫切需要和受中国传统文化的影响，到了唐代，已经改换新装，使民众在佛教的麻痹下，从现实的苦难中憧憬于虚幻的幸福，成为套在民众脖子上装饰着花朵的精神锁链，打碎这副锁链，就是对佛教的批判。从唐初的吕才、傅奕到中唐以后的柳宗元、刘禹锡等人，就是竖起反宗教、反神学的批判大旗，唤醒人们从佛教的精神锁链下解放出来的杰出的唯物主义思想家。

在中印关系史上，不管东来的或在中国新生的佛教，如何富丽堂皇，都只是中国文化的糟粕，而绝不是瑰宝。可以作为中国文化瑰宝的，应当是反佛教哲学的无神论思想。同样，随着佛教东渐而传入中国的印度佛教艺术如绘画、音乐、雕刻、建筑等，由于和中国传统艺术相交融，到了唐代，已变为混合簇新而富有民族风格的文化；但对于这种富有独特风格的文化，我们今天应当“剔除其封建性的糟粕，吸收其民主性的精华”，“决不能无批判地兼收并蓄”。

从汉魏到隋唐，古代印度的佛教和佛教艺术流行于中国，而中国文化亦源源不绝地传入印度，其中最著名的当属蚕丝、造纸术等。蚕丝传入波斯后，以波斯为中心，再向东流传。蚕丝传入印度，至迟当在唐初，即 8 世纪中叶以前，中国的纸和造纸术似乎尚未越过葱岭。唐玄宗天宝十载（751 年），唐在怛逻斯一战失败后，造纸术才开始向西传播。在向西传播中，也开始逐渐向印度传播。印度在造纸术尚未传入之前，是用一种叫贝多罗的棕榈树叶子来当作书写材料，自印度直接传入中国的佛经，也叫贝叶经。自中国造纸术传入印度后，贝叶也便被用植物纤维所制成的光滑洁白且便于书写与保存的纸代替了。

唐和大食在怛逻斯战役后，两国之间的联系仍然如常。[①]

① （宋）王溥撰：《唐会要》卷100《天竺国》（上海：上海古籍出版社点校本2006年版，第2123页）："天宝中，（天竺国）累遣使朝贡"。

十、隋唐时代的文化

隋唐时代的文化内容非常丰富，下面主要就吕才、柳宗元、刘禹锡等主张的无神论思想与有神论思想的斗争，来窥视佛教文化；简要论述反映社会现实、同情人民疾苦的唐代诗歌；通过绘画、雕塑等来概述推动社会前进的艺术和阻碍社会进步的艺术；从医学、天文学诸方面，对隋唐时期科学文明有一个大体了解。

（一）隋唐时代的佛教文化

隋朝开国以后，随着世族地主所有制的开始衰飒，均田制的普遍推行，代表高门世族利益的长安政权，为了巩固统治，对于南北朝以来已经开始兴盛的佛教大力支持，使之蒸蒸日上，来代替作为麻痹民众的精神手段且日趋衰竭的玄学、道教。据《续高僧传》卷21《灵藏传》记载，隋文帝奉高僧灵藏为“道人天子”，而自称“俗人天子”，使君主专制政治具有一定的佛教色彩，出世佛学和名教儒学并驾齐驱，同有统治人民的功能。尽管隋代佛教之盛如日中天，但也仅仅是儒学的一个附庸而已。

武曌以后，世族地主经济逐渐转向庶族地主经济，作为政治上层建筑的长安政权，势必做进一步的强化，即由累世承袭的世族地主专政的政权转化为庶族地主专政的政权，思想形式再度变换，在中央集权进一步强化的基础上代表庶族地主阶级的所谓大一统主义的儒家思想，便须脱去佛家的外衣而重新抬头。加以初唐以后，由于佛教的兴盛而引起的寺院经济的发展，寺院已成为逃避税役的渊薮，直接影响了长安政权的税收，从而也势必引起长安政权对于佛教的歧视。中唐以后，代表长安政权的统治集团为了巩固统治，对于尽心维护的佛教思想，不得不加以政治上的压制；而对于富有儒学内容的禅宗，则大力宣扬，使其披着佛教的外衣，来攻击佛教，佛教也终于随着世族地主的衰落而衰落了。

佛教分为大、小二乘，“乘”的意义，犹为舟车的运载，使人们渐渐领悟宇宙万物实是一个幻有，领悟了宇宙万物的幻有，才能从现实的境界过渡到出世的境界。所不同的是，大乘偏重于“哲理”的阐明，小乘则偏重于“戒律”的遵守。当时大乘各派如天台、三论、法相、华严等，因为适应长安政权统治的需要，可谓盛极一时。佛教虽渊源于印度，在唐代却已成为新的佛教哲学，而别具风格。

天台宗的奠基人是南朝陈与隋之际的智顗（538—597 年），因为在天台山传教，故名天台宗。天台宗的思想内容，正如智顗在《大乘止观法门》中表述的，以为客观世界“依此心有，以心为体”。这就是说，宇宙万物只是由我心所显现的一个映象，因为心中先天地藏有一切足以反映宇宙万物的染性，也就是烦恼之性的缘故。而这个包有一切众生也称“如来藏”，所谓如来藏是因为它与生俱来地藏有一切众生之性的意思。但吾人的心虽具有无量差别的染性，但因为心体平等，实无差别，所以这些无差别的染性，也可以互相兼容摄取。一心全体可以是一个毛孔性，也可以是一切染性中的一个染性，而毛孔性或染性是产生毛孔和万物的根源，因此毛孔和万物也可以互相兼容摄取。智顗在《大乘止观法门》中一再强调的是：

一心全体唯作一小毛孔，复全体能作一大城。心既是一无大小。故毛孔与城俱全用一心为体。

显然，天台宗在这里把作为事物存在的主要形式之一的空间，加以否定了。不但空间可以被否定，按照天台宗的唯心说教，就是时间也同样可以被否定，因为时间的长短，在天台宗看来，也起源于一心全体。这就是《大乘止观法门》所表述的，“一心全体复作短时，一心全体复作长时”。这样，大小、长短、久暂、贫富、美丑、尊卑等等，也就各自相摄，并无差别。这样，天台宗的性不是依附在心上的一个客观精神，相反，每一染性，都以心为依据，是心的全体。所以此“心”此“性”，实是一体。而在以智顗为代表的天台宗看来，真正的实有，只是我心。这种世界观自然是典型的主观唯心主义了。

三论宗的奠基人是隋唐之际的吉藏（549—623 年）。吉藏以中论、百论、十二门论为依据，故名“三论宗”。三论宗的中心内容，认为宇宙万物都由于众缘的会合，因为是众缘的会合，所以就有僧肇（384—414 年）在《不真空论》中“缘会而生，缘离则灭”的理论。比如房子由土木会合而成，土木离散，房子便灭。就万物之由缘会而论，则有非真有，因为万物“如其真有，有则无灭”，万物既不能常有，知非实有，既非实有，则虽有而性常自空，“性常自空，故谓之性空”。这些均是僧肇在《不真空论》中一再强调的。然则性空是万物的唯一本性。万物的本性既然是空，那就是说万物以空为基础，以性为基础，由性而生万物，万物有生长之象，而性或空则长留，所以空非真空。这个长留的性，也就是离开我们人而独立存在的客观精神。这样，三论宗的世界观自然是客观唯心主义了。

天台宗的有即非有，非有而有的空有不二的境界，同时也是三论宗所欲达到的境界，但和三论宗不同的是，天台宗认为一切现象只是我心之所现，因为是我心之所现，所以有即非有，非有而有，这是主观唯心主义。三论宗认为一切现象只是离开我心而客观存在的性之所现，因为是客观存在的性之所现，所以有即非有，非有而有，这是客观唯心主义。但是殊途同归，它们的目的都是否定物质世界的存在，叫人们放弃一切人世间的所谓“有”，来求得佛家的所谓“解脱”。

至于其他如唐太宗贞观时（627—649 年）玄奘所宣扬的唯识宗、武曌时（684—704 年）法藏所宣扬的华严宗等，内容虽殊，但否定物质世界的存在，则完全一致。只是前者是主观唯心主义，后者是客观唯心主义罢了。南北朝隋唐时期的佛教哲学完全是为高门世族服务的一套所谓“哲理”，这套“哲理”完全是一套哲学的游戏，它抓住宇宙间的某一现象，加以引申、铺张、夸大、歪曲，来得出宇宙万物皆由精神所派生，颠倒了思维与存在的关系，完全是唯心主义者的学说，其目的自然在于蒙蔽被压迫阶级的耳目，使他们在有非真有的诱惑之下，甘受精神和肉体的痛苦，削弱了革命斗志。佛教的这种教义，比其他宗教更加隐蔽，它还以一套所谓奥妙而实则虚妄的“哲理”来混淆视听。恩格斯说过：“在哲学家那里，例如在黑格尔那里，创世说往往采取了比在基督教那里还要混乱而荒唐的形式。”[1] 隋唐佛教各派也正好是以这种形式出现的佛教思想。因此，当时对佛教进行批判的反佛教思想，自是思想史上的一个光辉。因为它“使人摆脱了幻想，使人能够作为摆脱了幻想、具有理性的人来思想，来行动，来建立自己的现实性；使他能够围绕着自身和自己现实的太阳旋转”[2]。

（二）吕才、柳宗元、刘禹锡的无神论思想与有神论思想的斗争

1. 吕才的无神论思想

唐代初年的吕才（606—665 年），便是继南朝范缜以反对佛教为斗争目标的一个唯物主义思想家。

吕才是唐初人，他的著述很多，现在能看到的仅仅有收录于《旧唐书》本传的几篇残文，大部分都被毁灭。但这也正是他作为异端思想家的一个共同遭遇，他在反佛教哲学的斗争中，始终表现出坚持真理、不怕威胁的英雄气概。根据《旧唐书》卷 79《吕才传》所节录的《葬书》而论，吕才关于宇宙的缘起，显然不同于佛教所谓世界是精神的体现。吕才认为世界的本质是物质的，其在《葬书》中说的“天覆地载，乾坤之理备焉”便是这一意思。这一以物质为基础的各种事物又都是在不断的运动变化发展，而它们之所以发展，则是由于事物内部的不断冲击，也便是《葬书》说的“一刚一柔，

---

① 恩格斯：《路德维希·费尔巴哈和德国古典哲学的终结》，《马克思恩格斯选集》第 4 卷，北京：人民出版社 1972 年版，第 220 页。

② 马克思：《〈黑格尔法哲学批判〉导言》，《马克思恩格斯全集》第 1 卷，北京：人民出版社 1956 年版，第 453 页。

消息之义详矣”[①]这一意思。至于他说的“或成于昼夜之道，感于男女之化，三光运于上，四气通于下，斯乃阴阳之大经”[②]，都是在说明客观世界万事万物的周流不息，在说明物质世界发展的客观规律。我们关于吕才思想的认识，虽然苦于文献不足，但就这寥寥数语，便可看出他思想的深刻性。在佛教占优势的当时，吕才的思想应当是代表小生产者反佛教哲学的一支主流。

吕才的思想，虽然导源于阴阳家之言，但和汉魏以来的神学宇宙论已有本质的不同，初期的阴阳家带有朴素唯物主义的观点，如代表阴阳家早期著作的《易传》所说的“一阴一阳之谓道，继之者善也，成之者性也”[③]。在这里，道是自然的法则，性是自然的特征。正因为一阴一阳的永远不息，所以才有天地万物的不断发展。不过秦汉之际的阴阳家，却把这不息不已的特性，说成为至诚。《中庸》所谓“至诚不息”“诚者物之终始，不诚无物”“唯天下至诚，为能尽其性”[④]，便是明证，于是自然的特性，也富有神秘的成分了。吕才思想的贡献，便是澄清了阴阳家思想中的唯心主义成分，来建立唯物主义的思想体系，去和当时唯心主义的佛家思想相对抗。

2. 柳宗元、刘禹锡的无神论思想

中唐以后，庶族地主在经济上、政治上已取代世族地主而居于

---

① （后晋）刘昫等撰：《旧唐书》卷 79《吕才传》，北京：中华书局点校本 1975 年版，第 2724 页。

② （后晋）刘昫等撰：《旧唐书》卷 79《吕才传》，北京：中华书局点校本 1975 年版，第 2724 页。

③ （曹魏）王弼撰，楼宇烈校释：《周易注》，北京：中华书局点校本 2011 年版，第 345—346 页。

④ （清）康有为著，楼宇烈整理：《中庸注》，北京：中华书局点校本 1987 年版，第 202、216、214 页。

优势的地位，作为政治上层建筑的长安政权就需要做进一步的强化。佛教哲学从此衰竭，作为教外别传的禅宗代之而起。肃宗平定安史之乱后，禅门祖师神会（684—758年），在长安政权的大力支持下，揭起禅宗旗帜，反对佛教。禅宗教人识心见性，自成佛道，从平常事物的磨砺中，去领会宇宙人生的道理，以达到大彻大悟、佛我同一的境界。这个佛我同一的“一”，也就是识心见性自成佛道的“性”，是一个超越时空而独立存在的东西，也就是宇宙精神，是上帝、神灵。到9世纪初的韩愈再提出性和情的对立，这就是《原性》指出的，“性也者，与生俱生也；情也者，接于物而生也”[1]。这就是说，性是先天的，情是后天的，这种把世界的本原归结为精神和物质的二元论，最后必然陷入唯心论的窠臼，陷入有神论。阿谀宦官头子俱文珍起家的韩愈，就曾经以有神论向柳宗元发起挑战，这当然受到柳宗元、刘禹锡等人的回击，掀起了当时思想战线上无神论与有神论的大论战。

韩愈向柳宗元挑战的那篇关于有神论的对“天之说”，见于柳宗元《天说》。韩愈说，天是一个有意志的神，天能“赏功”，也能“罚祸”。他认为天地万物应当各得其所、不使纷扰；但自人类繁息以后，为了增殖生产，“垦原田，伐山林”，“遂木以燔，革金以镕”，破坏了天地间的“元气阴阳”，“攻残败挠而未尝息”，使天地万物处于纷纭扰乱之中。因此，如果对那些为了增殖生产、破坏“元气阴阳”的人，加以摧残，不使繁息，便是有功于天地的人，应该得到

① （唐）韩愈著，马通伯校注：《韩昌黎文集校注》卷1《杂著·原性》，上海：古典文学出版社1957年版，第11页。

奖赏；反之，如果保护他们，使他们繁息起来的人，便是天地的罪人，应该得到惩罚。韩愈这样说，其实是说对劳动人民进行残酷剥削、压迫乃至屠杀的所谓圣君贤相，应该赏；对主张革除秕政，加惠贫民的革新派，应该贬窜杀戮。他说的“残民者昌，佑民者殃”①也正是这个意思。韩愈劝人不要看到残害百姓的人受赏，加惠百姓的人遭殃，便愤愤不平，呼天怨地起来；他认为这其实是不知天，天的意思是对的，老百姓生来就是受统治者宰割的。显然，韩愈在这里，是对柳宗元进行神道说教了。所以韩愈最后问柳宗元“子以吾言为何如？”柳宗元于是作《天说》，刘禹锡认为柳宗元《天说》“以折韩退之之言，文信美矣，盖有激而云，非所以尽天人之际”。为了声援好友柳宗元，“故余作《天论》以极其辩云”②，双方阵线泾渭分明。

柳宗元以犀利的笔锋，直截了当地指出，天地、元气、阴阳等“无异果蓏、痈痔、草木”，是无意志的自然物，根本不可能赏功罚祸。“功者自功，祸者自祸”，与天无关。“欲望其赏罚者大谬，呼而怨，欲望其哀且仁者，愈大谬矣。”③ 柳宗元寥寥数语，就把无神论思想发挥得淋漓尽致。尤其是“功者自功，祸者自祸”，语意含蓄，是对韩愈“残民者昌，佑民者殃”的一个有力的批判。柳宗元认为受功受祸，不是取决于天意，而是取决于人事。言外之意，是说以

① （唐）柳宗元撰：《柳宗元集》卷16《天说》，北京：中华书局点校本1979年版，第441—442页。

② （唐）刘禹锡著，瞿蜕园笺证：《刘禹锡集笺证》卷5《天论》上，上海：上海古籍出版社1989年版，第139页。

③ （唐）柳宗元撰：《柳宗元集》卷16《天说》，北京：中华书局点校本1979年版，第441—443页。

王叔文为首的革新派之所以失败，以俱文珍为首的保守派之所以胜利，是取决于在当时历史条件下双方力量的悬殊，不是取决于天的赏功罚祸。柳宗元不是为《天说》而《天说》，而是在和有神论作斗争，尤其是在和支持有神论的恶势力作斗争，只是在当时的环境下不能明说罢了。

继柳宗元《天说》之后，刘禹锡又写出《天论》三篇，继续以无神论思想对有神论进行批判。刘禹锡说："天，有形之大者也；人，动物之尤者也。"天地万物都有其内在的规律，也就是"数"或"理"，为人只"理明"，认识事物的规律，就能驾驭事物，从宗教的枷锁下解脱出来。这比前代无神论的思想，更加细致了。刘禹锡进一步认为人之所以能够胜天，是因为人能建立一套"义制强讦，礼分长幼，右贤尚功，建极闲邪"的政治制度，即所谓"法"。"法大行，则是为公是，非为公非。"反过来，若"法大弛，则是非易位，赏恒在佞而罚恒在直，义不足以制其强，刑不足以胜其非，人之能胜天之具尽丧矣"①。社会的治乱，与自然之天无关，而在于革新者是否敢于革新，这自然又是有所指了。

柳宗元、刘禹锡虽然被远贬于边州，但他们并不消沉颓废，而是在思想战线上继续和保守派做不懈的斗争，其无神论思想，大放异彩。

同时也应该指出，柳宗元、刘禹锡等毕竟是地主阶级的革新派，他们的思想活动必然受到时代的局限，他们所发挥的思想光辉，其

① （唐）刘禹锡著，瞿蜕园笺证：《刘禹锡集笺证》卷5《天论》上，上海：上海古籍出版社1989年版，第139—140页。

终极目的，只是为了反对保守派的统治，而不是为了反对整个封建制度的统治。所以柳宗元、刘禹锡等在批判有神论的同时，他们所用心的，只是如何让勇于革新、明察善断的“志”“明”之士来取代公卿显贵，重新划定地主阶级内部的等级①，却始终没有在批判有神论的同时，去进一步批判使劳动人民的生活陷于绝境的封建剥削制度。在阶级社会里，正是由于宗教的麻痹，使劳动人民对于把他们生活陷于绝境的剥削制度，看成为一种外部的、严重支配着他们的自我异化的力量。马克思指出：

> 人的自我异化的神圣形象被揭穿以后，揭露非神圣形象中的自我异化，就成了为历史服务的哲学的迫切任务。②

在中国封建社会里，每当农民大起义的前夜，就有不少杰出的代表农民阶级利益的思想家，以推翻封建制为目的，大造革命舆论，发动广大劳动人民，使他们自觉地起来打碎精神枷锁，向封建制度发起猛烈进攻。中国历史上代表农民阶级的革命思想和地主阶级革新派的进步思想，虽然都批判唯心主义的有神论，但前者批判有神论的目的，在于批判封建制度，通过对封建制度的批判，去发动农民起义；后者批判有神论的目的，在于革新政治，加惠贫民，去维护地主阶级的统治。

---

① （唐）柳宗元撰《柳宗元集》卷3《天爵论》（北京：中华书局点校本1979年版，第79页）：“柳子曰：仁义忠信，先儒名以天爵，未之尽也。夫天之贵斯人也，则付刚健、纯粹于其躬，倬为至灵，大者圣神，其次贤能，所谓贵也。刚健之气，钟于人也为志，得之者，运行而可大，悠久而不息，拳拳于得善，孜孜于嗜学，则志者其一端耳。”

② 马克思：《〈黑格尔法哲学批判〉导言》，《马克思恩格斯全集》第1卷，北京：人民出版社1956年版，第453页。

(三) 反映社会现实、同情人民疾苦的唐代诗歌

中国的诗歌，到了唐代，从艺术形式和思想内容的高度统一的境界来看，已达到登峰造极的地步。仅《全唐诗》所录的诗歌，就有4.89万多首①，绝大部分都是些在形式主义的倡导下，为统治者歌功颂德、掩盖社会动乱、思想极端贫乏的作品。这些作品和思想内容、艺术形式达到高度统一的诗歌相比，虽然在数量上占压倒的优势，但却缺乏生命力，在唐代诗坛上放着光芒的，正是那数量有限、却有无限生命力的思想和形式达到高度统一的诗篇。这些诗篇的作者都有进步的思想，主张革新政治，反对倒退，尽情揭露社会的黑暗面，同情人民的疾苦，誓与保守势力进行不屈不挠的斗争，热情歌颂祖国山河的雄伟秀丽。李白、杜甫、白居易、皮日休等，就是唐代有名的诗人。

李白（701—762年），陇西成纪（今甘肃秦安西北）人。隋末，其先世谪戍碎叶，武曌长安元年（701年）生于碎叶。神龙元年（705年），五岁的李白徙居四川。青少年时代的李白，是在四川度过的。李白疾恶如仇，倜傥不羁，有远大的政治抱负。天宝元年（742年），他受到唐玄宗的诏见，来到长安，玄宗“赐食，亲为调羹，有诏供奉翰林”②，颇得宠遇，但不为高力士、张垍等权贵所容，悒悒不得志，愤而离去。李白从此浪游南北，对社会的黑暗面有深刻的

① 明孔按：另外，仅王重民、孙望、童养年辑录的《全唐诗外编》（北京：中华书局1982年版）中，就有唐代诗歌2100首左右。

② （宋）欧阳修、宋祁撰：《新唐书》卷202《文艺》中《李白传》，北京：中华书局点校本1975年版，第5763页。

认识。李白天生一副傲骨，对庸碌无能、荒淫无耻的权贵表示深恶痛绝！下面就是李白对自己的写照：

古来万事东流水，
别君去兮何时还？
且放白鹿青崖间，
须行即骑访名山。
安能摧眉折腰事权贵，
使我不得开心颜！[①]

李白的诗歌，气势磅礴，体现出在揭露社会黑暗面的同时，以叛逆的英雄气概去追求人类理想的浪漫主义的创作精神。李白愤世嫉俗，竭力想摆脱这个罪恶的现实社会，憧憬一个理想的世界，但理想的世界终不可得，从而引起其内心的忧愁悱恻。所以我们读李白的诗歌，在豁明、痛快、飘逸的感觉中，也使人另有一种寂寞、孤独的感受。这种寂寞、孤独的苦闷，正是李白饱经当时权贵们的层叠打击而不屈服的可贵的思想意境。这种思想意境，也是和李白同时期的浪漫主义派诗人高适、岑参、王昌龄、王之涣等人所共有的。在这种思想意境支配下，才有他们脍炙人口、闪烁着光芒的浪漫主义的诗歌。

杜甫（712—770年），河南巩义人，生于睿宗先天元年（712年），杜甫比李白小十一岁。杜甫和李白都疾恶如仇，藐视权贵；都

① （清）曹寅、彭定求等编：《全唐诗》卷174，李白：《梦游天姥吟留别》，北京：中华书局点校本1960年版，第1780页。

不被朝廷录用，穷困潦倒[1]，终身不得志；都饱经风霜，正视现实，对统治者的荒淫无耻，深恶痛绝，对劳动人民的灾难，深表同情；都有远大的政治抱负，主张开明政治。作为诗人，只有具有这样一颗热爱人民的心，才能使他的诗歌得到人民的热爱，富有生命力。

唐玄宗天宝五载（746 年），杜甫来到长安，把自己写的诗歌投献给权贵，希望得到一官半职，来实现他的政治抱负，但每次投献，每次落空。直到天宝十四载（755 年），才得到一个小官。不久，安史之乱爆发，杜甫便开始过颠沛流离的生活。杜甫仕途如此失意，这是为什么？这是因为杜甫所投献的，和达官贵人的政治主张恰恰相反。杜甫是要“致君尧舜上，再使风俗淳”，要把社会的腐朽黑暗，清除得干干净净，这对权贵们来说，不啻是一个不堪忍受的威胁。因此“朝叩富儿门，暮随肥马尘”，结果还是“残杯与冷炙，到处潜悲辛”[2]。穷困潦倒，使杜甫深刻认识了社会现实，为他后来的诗歌奠定现实主义的基础。杜甫的许多不朽之作，都完成于战乱频仍、饥寒交迫的岁月中。杜甫到了晚年，由于饱经苦难，感触万端，诗歌的感情，显得更加含蓄，更能体现社会的本质，更有感染力，世号其为“诗史”，名副其实。

史称杜甫“少与李白齐名，时号‘李杜’”，韩愈评价曰：“李杜文章在，光芒万丈长”[3]。李白、杜甫诗歌之所以在古典文学史上，

---

① （元）辛文房撰，舒宝璋校注：《唐才子传》2《杜甫》（郑州：中州古籍出版社 1987 年版，第 97 页）：“举进士不中第，困长安。”

② （清）曹寅、彭定求等编：《全唐诗》卷 216，杜甫：《奉赠韦左丞丈二十二韵》，北京：中华书局点校本 1960 年版，第 2252 页。

③ （宋）欧阳修、宋祁撰：《新唐书》卷 201《文艺》上《杜审言传附杜甫传》“赞曰”，北京：中华书局点校本 1975 年版，第 5738—5739 页。

如此灿烂光辉，就是因为在含蓄之中，能发人深省，有深远的影响，和当时那些追求形式、歌舞升平的平庸诗歌，正好形成鲜明的对照。杜甫所倡导的现实主义创作精神，为后来元结、顾况等所继承，为白居易等所发扬光大。

白居易（772—846 年），下邽（今陕西渭南北）人，生于代宗大历七年，是继杜甫之后的又一位杰出的现实主义诗人。白居易所处的时代，正是唐帝国经安史之乱后急剧走向衰落灭亡的时代，统治者的穷奢极侈和人民的饥寒交迫，正好形成强烈的对比。白居易的许多作品，都反映了这一现实。白居易强调指出，文学应该反映社会生活且为现实生活服务，“文章合为时而著，歌诗合为事而作”①。白居易凡“有可以救济人病，裨补时阙，而难于指言者，辄咏歌之”②。白居易坚决反对把诗当作向权贵们歌功颂德以猎取富贵的工具，像那无视社会现实、绮靡婉丽的所谓“大历十才子”的诗歌那样，不是为写诗而写诗，而是为实现自己的政治主张而写诗。均贫富，抑兼并，就是白居易的政治主张。在当时富者田连阡陌，贫者无容足之居的局面下，而能提出均贫富的思想，作为唐末以后农民起义的主要目标，确实难能可贵。正因为白居易有符合人民愿望的进步思想，所以能写出伟大的现实主义的诗歌，受到人民的喜爱。白居易青年时的作品《赋得古原草送别》，“离离原上草，一岁

---

① （后晋）刘昫等撰：《旧唐书》卷 166《白居易传》，北京：中华书局点校本 1975 年版，第 4347 页。

② （后晋）刘昫等撰：《旧唐书》卷 166《白居易传》，北京：中华书局点校本 1975 年版，第 4348 页。

一枯荣。野火烧不尽，春风吹又生[①]”，至今仍然脍炙人口。当时白居易的诗歌，是“禁省、观寺、邮候墙壁之上无不书，王公、妾妇、牛童、马走之口无不道。持缮写模勒，衒卖于市井，或持以交酒茗者，处处皆是”[②]。白居易得到人民的喜爱，也必然遭到权贵们的猜忌、攻讦。白居易在给元稹的信中说：

……凡闻仆《贺雨》诗，众口籍籍，以为非宜矣；闻仆《哭孔戡》诗，众面脉脉，尽不悦矣；闻《秦中吟》，则权豪贵近者，相目而变色矣；闻《登乐游园》寄足下诗，则执政柄者扼腕矣；闻《宿紫阁村》诗，则握军要者切齿矣！[③]

这样的实例很多，举不胜举，这就足以说明白居易诗歌的显著成就了，这种创作上的显著成就，推动着当时及后来现实主义派诗歌的发展。

唐王朝自永贞革新失败后，农民起义此起彼伏。到唐僖宗乾符元年（874 年），终于爆发了以王仙芝、黄巢为首的全国规模的农民大起义。在这样的时代，一部分继承现实主义文学传统的知识分子，能正视现实，同情人民，有的甚至亲身参与到起义的行列，如襄阳皮日休（约 838—约 883 年）就是参加起义军的先进思想家、文学

① （唐）白居易著，朱金城笺注：《白居易集笺校》卷 13《律诗 · 赋得古原草送别》，上海：上海古籍出版社 1988 年版，第 768 页。

② （后晋）刘昫等撰：《旧唐书》卷 166《白居易传》，北京：中华书局点校本 1975 年版，第 4357 页。

③ （后晋）刘昫等撰：《旧唐书》卷 166《白居易传》，北京：中华书局点校本 1975 年版，第 4348 页。

家。皮日休出身贫寒，早年读书鹿门山①，后来漫游南北。在漫游南北的过程中，对剥削者表示无比憎恨，他说“大笑猗氏辈，为富皆不仁”②。他在《原谤》中公开地说，如果皇帝不好，“不为尧、舜之行者”，老百姓即使把他掐死，也不算过分。③ 历代诗人对于统治者的痛恨和对人民的同情，能有如此鲜明态度的，皮日休要算第一人了。

在阶级社会里，文学和哲学一样，都是阶级斗争的工具，哲学家的任务是要揭露一切有神论对劳动人民的毒害，引导他们打碎脖子上的精神枷锁，向封建制度发起猛烈进攻。文学家的任务则是以文学的形式，揭露富者愈富、贫者愈贫的社会本质，最后同样引导人民向封建制度发起猛烈进攻。

（四）隋唐时代的艺术

作为意识形态之一的艺术，和哲学、文学一样，是有它的阶级性的，不是为统治阶级服务，就是为被统治阶级服务。超阶级的、

① 按：鹿门山，原名苏岭山，有诗山、隐山、佛山、圣山之称，在今湖北省襄阳市城东南约 15 公里处。

② （唐）皮日休著，萧涤非、郑庆笃整理：《皮子文薮》卷 10《诗·偶书》，上海：上海古籍出版社点校本 1981 年版，第 113 页。

③ 明孔按：（唐）皮日休著，萧涤非、郑庆笃整理《皮子文薮》卷 3《原谤》（上海：上海古籍出版社点校本 1981 年版，第 26 页）：“天之利下民，其仁至矣。未有美于味而民不知者，便于用而民不由者，厚于生而民不求者。然而暑雨亦怨之，祁寒亦怨之。己不善而祸及，亦怨之；己不俭而贫及，亦怨之。是民事天，其不仁至矣。天尚如此，况于君乎？况于鬼神乎？是其怨訾恨讟蓰倍于天矣。有帝天下，君一国者，可不慎欤？故尧有不慈之毁，舜有不孝之谤。殊不知尧慈被天下，而不在于子；舜孝及万世，乃不在于父。呜呼！尧、舜，大圣也，民且谤之。后之王天下，有不为尧、舜之行者，则民扼其吭，捽其首，辱而逐之，折而族之，不为甚矣。”

纯艺术的艺术，是根本没有的。唐代的绘画、雕塑等艺术，随着我国封建经济的高度发展，虽然绚丽多彩、照映千古，成为我国历史上弥足珍贵的瑰宝，但却不是样样都是瑰宝。

1. 绘画

隋唐时代的绘画，在汉魏六朝原有画风的基础上，开始和西域铁线条、凹凸画风相交融，经过长期的积渐熏染，到了吴道玄[①]（约686—约760年），才形成莼菜条画风，行笔磊落挥霍，柔媚挺秀，人物衣带飘举，妆色如新，世称“吴带当风”。吴道玄当时在寺院宫观画的壁画，不下300幅，今已荡然无存。吴道玄的真挚、豁达、反对庸俗的思想感情和精练的技巧，使他的作品在中国绘画史上产生了巨大的影响。吴道玄对社会的现实生活和祖国的山河大地都有深刻的观察和体验，尝写《蜀道山川图》，一日而成，唐代人对其评价是“怪石崩滩，若可扪酌”[②]。中国的山水画至此才有立体感。

唐代的壁画，虽说绝大部分都是宗教画，画着麻痹人民的佛教故事，但也反映了现实的生活。许多杰出画家把现实生活中的妇女形象，通过菩萨，集中地表现出来了。菩萨的容貌宛如宫女、妓女，段成式《京洛杂记》说，长安宝应寺壁画上的释梵天女，是武曌时宰相魏元忠家家妓的写真，把庄严的释梵天女画成妓女，这是对宗教本质的有力暴露，同时也说明当时佛教壁画具有一定的社会现实性，这是其有生命力的真谛所在。

---

① 明孔按：吴道玄，亦名吴道子，阳翟（今河南禹县）人，唐代著名画家，被后世尊称为“画圣”。

② （唐）张彦远撰，韩放点校：《历代名画记》卷1《论画山水树石》，北京：京华出版社2000年版，第18页。

不仅如此，许多高明的壁画家，都力求从宗教的束缚下摆脱出来，去描绘现实的生活、历史的活动。因此，唐代壁画，除了宗教画，也有以现实生活如肩舆、行医、挤奶、贸易、守卫、收获等为题材和以历史活动为题材的壁画。《张议潮夫妇出行图》就是一幅场面壮伟的巨制。《张议潮夫妇出行图》使今天的人们，对于9世纪中叶领导河西人民起义、推翻吐蕃奴隶主统治的英雄人物张议潮，表示景仰。

2. 雕塑

隋唐时代的雕塑，和当时的壁画一样，都达到了艺术的高峰。我国的雕刻，自东汉以后，随着印度佛教艺术的东渐，也具有印度的风格，人物造像，肥硕丰满，经过长期的交融，到了隋唐，便显得秀丽俊俏，含睇若笑。天龙山的几尊石刻菩萨，堪标世界瑰宝，不但肌肤丰润，姿态自然，而且柔软质薄的罗衣，被风力轻巧地附着在肉体上，显得栩栩如生，更有风姿①。这就反映着人民对美好生活的向往。艺术家把美好生活中的典型，通过宗教的题材，表达出来了。聪明的雕塑家，也和画家一样，借宗教的题材，把统治者的卑劣心意，暴露得淋漓尽致。广元皇泽寺大佛脚边的那个供养人像，为了祈求神灵，获得功名富贵，显得惶恐卑微。他的高度，仅及大佛的足踝，使人感到这个石刻家是以多么深刻的思想给当时统治者描绘出这副讽刺的面貌。②

而且唐代雕塑家，也和画家一样，力求摆脱宗教的束缚，直接

① 陈明达：《漫谈雕塑》，《文物参考资料》1955年第1期，第35页。

② 陈明达：《漫谈雕塑》，《文物参考资料》1955年第1期，第37页。

揭露统治者的残暴、凶恶，同情人民的苦难。唐代有名的塑像家杨惠之[①]，不向统治者卑躬屈膝，塑过倡优人留盃亭的像。留盃亭的像塑成之日，杨惠之将其放在市肆，面朝着墙，举止态度如生，行人见背，就知道是留盃亭。中唐以后，这股摆脱宗教、对现实进行直接描写的风气，愈益强烈。“善塑性、不善佛性”[②]，就是当时宗教卫道士对雕塑家的无理斥责，意思是说，塑像家所塑的像，充满着现实生活的气息，而对于庄严肃穆的宗教的色彩，已消失殆尽。这就恰恰表明唐代雕塑的艺术价值与进步意义了。

（五）隋唐时代的科学文明

1. 医学

我国医学，到了隋唐，由于善于总结前人的珍贵遗产，所以不论在医疗、药物学诸方面，都有了长足的进步。就医疗而论，已由过去仅用一两味药物之单方，变为由多种药物配合而成之复方。当时针、药并重，针灸医疗已成为医学的一个新内容。针对不少疾病，如痢疾、孕妇难产、脚气等疾病，都有了一定的疗效。用桑皮线缝剖胸刀口，尤有显著成效。作为唐代药物学巨著《唐新本草》，远胜于前代的《神农本草》，它由当代名医如甄权、甄立、孟诜、苏恭等将《神农本草》加以修订增补而成，在我国医学史上有深远影响。

唐代长安设有专门医学机构即太医署，分科细，医师多，孙思邈、王焘就是当时著名的医学家。

---

① 明孔按：唐代杨惠之生卒不详，为著名雕塑家，创作活跃期在唐玄宗开元时期，著有《塑诀》，有“塑圣”之尊称。

② 陈明达：《漫谈雕塑》，《文物参考资料》1955 年第 1 期，第 38 页。

孙思邈，京兆华原人，生于隋文帝开皇元年（581 年），逝于唐高宗永淳元年（682 年）。我们从孙思邈《千金要方・自序》中得知，其幼年家贫，又多疾病，“汤药之资，罄尽家产”，于是立志于医学，不慕名利。隋文帝征聘他为国子博士，唐太宗召见他，授以爵禄，唐高宗召他为谏议大夫，他都一一拒绝。[①] 孙思邈愿意终身为穷人治病，反对借治病来猎取利禄、炫耀声名。他有丰富的实践经验，又肯刻苦钻研医学典籍，“博采群经，删裁繁重”，在采药、治病的基础上，吸取前人的医学成就和流传民间的单方、秘方、验方等。唐高宗永徽三年（652 年），孙思邈的医学名著《备急千金要方》正式完成。这是一部在长期实践基础上，能摆脱旧的医学传统的束缚，勇于创新的不朽著作。清代人徐大椿在《医学源流论》卷下《千金方・外台论》中指出，自孙思邈《备急千金要方》问世后，“古圣制方之法不传矣”。孙思邈还是一个不断实践、不断提升的医学者，三十年后，他在医学上又有新的创见，于是写出《千金翼方》以补《备急千金要方》之不足。

孙思邈在医疗上的另外一大贡献，是重视针灸，他能根据病人的病痛所在，寻找新的穴位，按穴扎针，病痛立除，孕妇难产处于接近死亡危急状态下的，也能一针见效。他说一种病痛，有几十个穴位，也有几种病痛而只对应一个穴位，关键在于医生能否根据病人的具体情况，作出准确的诊断。孙思邈认为，针和灸要配合，医药和针灸也要配合，只有这样，才能取得治疗的成效。这些都是很

---

① （后晋）刘昫等撰：《旧唐书》卷 191《方伎・孙思邈传》，北京：中华书局点校本 1975 年版，第 5094—5095 页；（宋）欧阳修、宋祁撰：《新唐书》卷 196《隐逸・孙思邈传》，北京：中华书局点校本 1975 年版，第 5596—5597 页。

有价值的见解，即使今天仍然行之有效。

孙思邈是医学史上第一个注意妇女、小儿由于生理上的不同而产生的特有病症，对妇人和小儿的疾病有较深的研究者。他在《备急千金要方》中指出，“始妇人而次婴孺，先脚气而后中风”。他把“妇人方”列为《备急千金要方》的卷首。“妇人方”之后，便列举小儿的各种病症。孙思邈对脚气、中风也有研究，当时凡因缺乏营养而得脚气病者，他很表同情，悉心研究，终于掌握了治疗的方法。

孙思邈在医学上取得的重大成就，是在实践的基础上，对疾病进行理论的概括，找出病根，然后对症下药。孙思邈在《千金翼方·自序》中一再强调：

> 若夫医道之为言，实惟意也，固以神存心手之际，意析毫芒之里。当其情之所得，口不能言；数之所在，言不能谕。然则三部九候，乃经络之枢机。气少神余，亦针刺之钧轴。况乎良医则贵察声色，神工则深究萌芽。心考锱铢，安假悬衡之验，敏同机骇，曾无挂发之淹。非天下之至精，其孰能与于此。是故先王镂之于玉板，往圣藏之以金匮，岂不以营叠至道括囊真颐者欤?

就是要根据疾病的表象，抽象出能反映本质的东西即“意”。孙思邈的这种医学见解，远远超越了前代，且对后世影响深远。

2. 天文学

隋唐的天文历算，也比以前有很大的进步。唐代国家设立观测天象的太史监，出了不少有名的天文历算家，僧一行就是其中最杰出的一个代表。

一行俗名张遂，魏州昌乐（今河南南乐）人，生于唐高宗弘道元年（683年），逝于玄宗开元十五年（727年）。张遂因不愿受武三思等恶势力的笼络，就出家在河南嵩山当和尚，专心致志地研究天文历算，取名一行。玄宗即位，聘一行为天文学顾问，他就来到长安，便以观测天文、新革历法为自己的专职①，直到老死。

一行为了修订历法，和天文仪器制造家梁令瓒制造观察天象的浑天铜仪，用以计算天体运行的速度。这就是史书记载的，唐玄宗诏令一行与梁令瓒更铸浑天铜仪，“圆天之象，具列宿赤道及周天度数”。这个浑天仪的具体情况是：

> 注水激轮，令其自转，一昼夜而天运周。外络二轮，缀以日月，令得运行。每天西旋一周，日东行一度，月行十三度十九分度之七，二十九转有余而日月会；三百六十五转而日周天。以木柜为地平，令仪半在地下。晦明朔望迟速有准。立木人二于地平上：其一前置鼓以候刻，至一刻则自击之；其一前置钟以候辰，至一辰亦自撞之。皆于柜中各施轮轴，钩键关锁，交错相持。置于武成殿前，以示百官。②

这种浑天铜仪比东汉天文学家张衡的浑天仪进步得多。除了浑天铜仪，一行和梁令瓒还造黄道游仪：

> ……古亦无其器，今设于黄道环内，使就黄道为交合，

① （宋）欧阳修、宋祁撰《新唐书》卷31《天文志》（北京：中华书局点校本1975年版，第806页）：“开元九年（721年），一行受诏，改治新历，欲知黄道进退，而太史无黄道仪，率府兵曹参军梁令瓒以木为游仪，一行是之”。

② （宋）欧阳修、宋祁撰：《新唐书》卷31《天文志》，北京：中华书局点校本1975年版，第807页。另外，（后晋）刘昫等撰：《旧唐书》卷35《天文志》上对此也略有记载。

出入六度，以测每夜月离。上画周天度数，度穿一穴，拟移交会。皆用铜铁。游仪，四柱为龙，其崇四尺七寸，水槽及山崇一尺七寸半，槽长六尺九寸，高、广皆四寸，池深一寸，广一寸半。龙能兴云雨，故以饰柱。柱在四维。龙下有山云，俱在水平槽上。皆用铜。①

黄道是太阳在天球上每年所运行的轨道。黄道游仪是用来观测日、月、星辰显现的方位和运行的情况。一行在十几次的观测中，发现不少在黄道附近的恒星，经过长期演变以后，有的已从北向南移动，有的则从南向北移动。因而推断恒星的位置并非永恒不动。一行是世界上第一个发现恒星运动的杰出的天文学家。像这些利用动力运转的天文仪器的转动，就是一部活的历法。如果仪器上的星球的运行和实际所看到的不相符合，那就必须要对原有的历法进行修正。

一行还和天文官南宫说等人自唐玄宗开元九年（721 年）至开元十三年（725 年）测量林邑（今越南顺化）至蔚州（今山西灵丘附近）日中的日影长度，并计算全国各地的昼夜时刻和太阳出没的时间。测算的结果，纠正过去“王畿千里，影移一寸”的说法，得出纬度每度长 351. 27 唐里的结论，日影的长度应当是每隔千里差四寸。在他们的观测和推算下，于开元十五年（727 年）修订成比较先进的《大衍历》。日本来唐的留学生吉备真备回国时，把《大衍历》带回去，这对日本的历法产生了极为深远的影响。

---

① （宋）欧阳修、宋祁撰：《新唐书》卷 31《天文志》，北京：中华书局点校本 1975 年版，第 809 页。

十一、唐末农民大起义

（一）唐末农民大起义爆发的历史原因

中国历史上的专制中央集权政权，原是代表地主阶级利益的一种统治形式。在这一形式的统治下，往往是使“富者兼地数万亩，贫者无容足之居”①，形成了尖锐的对抗性矛盾。唐代自安史之乱后，代表长安政权的统治集团，都在尽力剥削农村，破坏小农经济，土地兼并愈激烈，统治集团内部的倾轧便愈激烈，而长安政府对于农民的剥削也更加严重。租庸调制度是瓦解了，代租庸调而兴起的是科敛重重的两税、田租、税间架、除陌钱以及榷盐、榷茶等各种榷利。加以战祸连年，长安政府军费的支出，日益浩繁，为了开支庞大的军费，又只能加重农民的负担，而“国家用度，尽仰江、淮”的东南八道财赋，即浙江东西、宣歙、淮南、江西、鄂岳、福建、

① （唐）陆贽撰，刘泽民校点：《陆宣公集》卷22《均节赋税恤百姓》第六条《论兼并之家私敛重于公税》，杭州：浙江古籍出版社1988年版，第260页。

湖南等[①]，又是赋税最繁重的地区，因而这一地区的农民起义层出不穷。

中唐以后，江淮地区，除了台州（今浙江临海）袁晁领导的那次声势浩大的起义，还有德宗贞元十四年（798年）由明州栗锽领导的并有山越参加的农民起义。这两次起义，在唐军的血腥镇压下，虽然迅速溃灭，但却给统治阶级以沉重的打击。只是中唐以后，在地主所有制发展的情势下，足以给国家政权以毁灭性打击的大规模起义尚未爆发以前，封建剥削从全国范围来说还是有加无已。陆贽在德宗贞元年间（785—805年）上奏的《均节赋税恤百姓》第二条中所云，便是明证：

> ……自天宝（742—756年）以后，师旅数起，法度消亡，肃宗拨滔天之灾，而急于功赏，先帝迈含垢之德，而缓于纠绳，由是用颇殷繁，俗亦靡弊，公赋已重，别献继兴；别献既行，私赂竞长。诛求刻剥，日长月滋，积累以至于大历（766—779年）之间，所谓取之极甚者也。今既总收极甚之数，定为两税矣；所定别献之类，复在数外矣；间缘军用不给，已尝加征矣；近属折纳价钱，则又多获矣，比于大历极甚之数，殆将再益其倍焉。[②]

而租赋所出的江淮地区，到宪宗元和年间（806—820年），每年

① （宋）司马光编著，（元）胡三省音注：《资治通鉴》卷250，唐懿宗咸通元年（860年）三月条，北京：中华书局点校本1956年版，第8081页。

② （唐）陆贽撰，刘泽民校点：《陆宣公集》卷22《均节赋税恤百姓》第二条《请两税以布帛为额不计钱数》，杭州：浙江古籍出版社1988年版，第252页。

所出便达二十万缗①，即可见其赋敛之重。由于赋敛之重，所以自袁晁、栗锽之后，到宣宗大中十三年（859年），又爆发了由浙东裘甫领导的农民起义。

（二）裘甫、庞勋领导的农民起义

裘甫领导的农民起义以明州为中心，屡败官军，一时东南沿海之民四面云集：

> （裘）甫自称天下都知兵马使，改元曰“罗平”，铸印曰“天平”。大聚资粮，购良工，治器械，声震中原②。

从裘甫农民起义“罗平”“天平”的字义来看，显然有均贫富的意思。以均贫富为起义的目的，和中唐以前以要求人身自由为目的的农民起义，自有显著的不同。而之所以有这样显著的不同，是因为中唐以前，中国的封建社会尚处在巩固的阶段，在这阶段里，生产者的人身依附关系尚分外强化，在自然经济领域内的商品生产还比较冷落，土地兼并还不可能激烈进行。中唐以后，中国的封建社会已开始进入发展的阶段，人身依附关系已有所减轻，商品经济开始抬头，土地兼并开始激烈，贫富悬殊的现象已普遍存在。所以裘甫所提出的“罗平”“天平”，虽说仅仅是年号和印鉴的称谓，其实却标志着中唐以后农民起义的一个共同特色。这次农民起义，既然“声震中原”，可见对长安政权的威力是不小的，可惜由于裘甫缺乏

① （宋）司马光编著，（元）胡三省音注：《资治通鉴》卷239，唐宪宗元和九年（814年）五月条，北京：中华书局点校本1956年版，第7704页。

② （宋）司马光编著，（元）胡三省音注：《资治通鉴》卷250，唐懿宗咸通元年（860年）二月条，北京：中华书局点校本1956年版，第8080页。

果敢，不知向淮西、淮南、宣歙、江西地区积极进兵，而只局促在浙东一隅，所以不到半年，也便遭到唐军的反攻，迅速失败。

裘甫领导的农民起义失败以后，又有唐懿宗咸通九年（868年）以徐州庞勋为首的农民起义[①]。这一起义原是防守桂林的徐州戍卒800人的一个兵变，徐州戍卒因不堪久戍之苦，遂于咸通九年六月推粮料判官庞勋为主，劫库兵北还。一路沿湘渡淮，连下宿州（今安徽宿县）、徐州等地，当他们攻下徐州时，淮北百姓也纷纷响应，于是声势浩大，由兵变而为民变。正如《新唐书·食货志》二所言：

> 懿宗时，云南蛮数内寇，徙兵戍岭南，淮北大水，征赋不能办，人人思乱，及庞勋反，附者六七万。[②]

庞勋领导的这次农民起义以徐州、宿州为中心，向兖、海、沂、密、曹、濮等州伸张势力，招纳亡命，为后来王仙芝、黄巢的暴动扎下根子，但在争夺泗州（今安徽盱眙北）时，由于受了由唐王室招致的沙陀、吐谷浑等20余万大军的几次袭击，实力耗损殆尽，而同时又加以内部组织的不够纯洁，发生了宿州守将张玄稔的叛变，遂致一败涂地，不过一年，这次声势浩大的农民起义也迅速溃灭了。

---

① （宋）司马光编著，（元）胡三省音注《资治通鉴》卷251，唐懿宗咸通九年（868年）六月条（北京：中华书局点校本1956年版，第8120—8121页）："初，南诏陷安南，敕徐泗募兵二千赴援，分八百人别戍桂州，初约三年一代。徐泗观察使崔彦曾，慎由之从子也，性严刻；朝廷以徐兵骄，命镇之。都押牙尹戡、教练使杜璋、兵马使徐行俭用事，军中怨之。戍桂州者已六年，屡求代还，戡言于彦曾，以军帑空虚，发兵所费颇多，请更戍卒一年，彦曾从之。戍卒闻之，怒。"

② （宋）欧阳修、宋祈撰：《新唐书》卷52《食货志》二，北京：中华书局点校本1975年版，第1361页。

（三）王仙芝、黄巢领导的农民大起义

裘甫、庞勋领导的两次起义都失败了，接下来的却是一次规模更大的以王仙芝、黄巢为首的农民起义。

唐僖宗乾符元年（874年），濮州（治今山东鄄城北）盐贩王仙芝聚众起义，以“吏贪沓，赋重，赏罚不平”相号召，自称“天补均平大将军”。[①] 一时山东、河南的百姓靡然风从。次年，曹州人黄巢亦响应起义，连下颍（今安徽阜阳）、徐、汝（今河南临汝）、邓（今河南邓州）、申（今河南信阳市南）、光（今河南潢川）、寿（今安徽寿县）诸州。乾符三年（876年），王仙芝、黄巢共渡长江，攻蕲州（今湖北蕲春），蕲州刺史裴偓为王仙芝求官长安，开城相邀，王仙芝欣然而从，入城宴乐。黄巢大骂道：

> 始者共立大誓，横行天下，今独取官赴左军，使此五千余众，安所归乎？因殴仙芝，伤其首，其众喧噪不已。[②]

王仙芝畏于众怒，不敢受命，便和黄巢分道扬镳，转战于荆、襄、洪诸州之间，但因他热心利禄，再度动摇了起义的斗志，遂致一误再误，于唐僖宗乾符五年（878年），最终在黄梅（今湖北黄梅西北）被俘牺牲。

而黄巢因有坚强的斗志，能真正符合人民的愿望，所以虽然在

---

① （宋）欧阳修、宋祁撰：《新唐书》卷225下《黄巢传》，北京：中华书局点校本1975年版，第6451页；（宋）司马光编著，（元）胡三省音注：《资治通鉴》卷253，唐僖宗光明元年（880年）七月条注引《续宝运录》，北京：中华书局点校本1956年版，第8230页。

② （宋）司马光编著，（元）胡三省音注：《资治通鉴》卷252，唐僖宗乾符三年（876年）十二月条，北京：中华书局点校本1956年版，第8188页。

唐代官军的重重围剿拦击之下，也能攻城略地，周旋流转，由江西而浙东，而闽广，沿湘而北，陷江陵，折而东向，转浙西，渡长江、淮水，自号“率土大将军”[1]。黄巢的自号“率土大将军”，和王仙芝的自称“天补均平大将军”，裘甫的以“罗平”为年号、以“天平”为印鉴，表明他们的起义有均匀贫富的共同目标。黄巢在进兵途中，能整治军纪，秋毫无犯，而真正掠夺百姓财货的，倒是官军。唐僖宗乾符六年（879 年），黄巢进逼江陵时，江陵守将刘汉宏就大肆剽掠，《旧唐书·僖宗纪》如此记载：

> 黄巢……自衡（今湖南衡阳）、永州（今湖南零陵）下，倾陷湖南、江西属郡……进逼江陵……（江陵守将）刘汉宏大掠江陵之民，剽剥不胜其酷，士民亡窜山谷，江陵焚剽殆尽。

《旧唐书·僖宗纪》又记载：

> （广明元年即 880 年）十月（巢）乃悉众渡淮，……自淮以北，整众而行，不剽财货，惟驱壮丁为兵耳。[2]

由于黄巢的军纪严明，故能得民心，中原百姓相率归附，有众达 60 万，所向披靡，连陷洛阳、潼关，并于唐僖宗广明元年（880 年）十二月直捣长安。黄巢进了长安，便布告百姓：“黄王起兵，本为百姓，非如李氏不爱汝曹，汝曹但安居无恐。”[3] 黄巢既能热爱人

---

① （后晋）刘昫等撰：《旧唐书》卷 19 下《僖宗纪》，北京：中华书局点校本 1975 年版，第 708 页。

② （后晋）刘昫等撰：《旧唐书》卷 19 下《僖宗纪》，北京：中华书局点校本 1975 年版，第 708 页。

③ （宋）司马光编著，（元）胡三省音注：《资治通鉴》卷 254，唐僖宗光明元年（880 年）十二月条，北京：中华书局点校本 1956 年版，第 8240 页。

民，自然也能痛恨统治阶级，而长安正是贵族豪富集中之地，所以不到几天，便下令杀戮宗室、侯王和一部分大官僚。韦庄在《秦妇吟》中写道："内库烧为锦绣灰，天街踏尽公卿骨"①，也可想见黄巢农民军镇压唐代官军的彻底了。

但是，黄巢所镇压的仅仅是留在长安的王家贵族宦官豪富，至于以唐僖宗李俨为首、逃往成都的王家贵族宦官豪富和分布在地方的藩镇集团，却依然存在。黄巢虽然占领了长安，却没有一个坚强的、足以巩固他在长安所建立的农民政权的根据地。黄巢以为只要占领长安，就算击溃了地主阶级政权，可以高枕无忧，对于以李俨为首的统治集团的联合藩镇、招致沙陀、招降农民起义军、共同围攻长安的阴谋，却丝毫没有应有的警惕。一旦官军四集、朱温离叛、势如狂飙的李克用的"鸦军"进逼长安时，黄巢也只有兵败而东，辗转流徙，于唐僖宗中和四年（884年）在泰山狼虎谷壮烈牺牲！

宋代人陶谷在《五代乱离纪》中记载：

> （黄）巢败后为僧，依张全义于洛阳，曾绘像题诗，人见像，识其为巢云。

这虽说是传闻之词，不必全信，但也足以想见当时人民对这位英雄人物的悼念之深，为了求得精神上的慰藉，人民总想象他依然活着：

> 记得当年草上飞，
> 铁衣著尽著僧衣；

① 王重民、孙望、童养年辑录：《全唐诗外编》上，第一编《补全唐诗》，韦庄：《秦妇吟》，北京：中华书局点校本1982年版，第34页。

天津桥上无人识，

独倚阑干看落晖！[①]

就是当时人借黄巢之名而题的一首诗句。

这次席卷全国的黄巢农民大起义最后之所以不免失败，和同州（今陕西大荔）防御使朱温的背叛投敌，有着密切关系。同州是农民军在关中的重镇，同州一失，关中无险可守，窥伺长安的李克用的“鸦军”便渡河而西，黄巢必须放弃长安。黄巢放弃长安后，即从蓝田道沿汉水入河南，占领蔡州（今河南汝南），和秦宗权相联合，进逼大梁，兵势复盛。正在这转败为胜的关键时刻，黄巢的又一个部将尚让再次背叛投敌，这就导致了黄巢的覆灭。

在整个黄巢农民大起义过程中，虽然出现了不少叛徒，但绝大多数的农民军都英勇奋战，充分体现出农民军的优良传统。尤其值得称道的是，黄巢一门，都视死如归，光荣地献出了自己的生命。出身高门世族的清河崔璆，“家贵身显，为黄巢相首尾三载，不逃不隐”，诏令“于所在斩之”[②]。像这样背叛自己地主家庭而参与农民起义的知识分子，并非少见，“巢之起也，人士从而附之”[③]。其中，著名诗人皮日休就是为黄巢的翰林学士而被诛的一个。

---

① （清）曹寅、彭定求等编：《全唐诗》卷 733《黄巢〈自题像〉》，北京：中华书局点校本 1960 年版，第 8384 页。

② （宋）司马光编著，（元）胡三省音注：《资治通鉴》卷 255，唐僖宗中和三年（883 年）五月条，北京：中华书局点校本 1956 年版，第 8295 页。

③ （后晋）刘昫等撰：《旧唐书》卷 200 下《黄巢传》，北京：中华书局点校本 1975 年版，第 5392 页。

（四）唐末农民大起义的历史作用

黄巢起义虽然失败了，但它在历史上的作用是巨大的，因为它毁灭性地打击了作为唐王朝最反动、最凶狠、最难制服的力量——宦官集团。

唐僖宗广明元年（880年），黄巢占领长安，唐僖宗逃往成都，为宦官所掌握的左右神策禁军，在农民起义军的打击下，已溃散殆尽，以禁军为支柱的宦官集团，随着禁军的溃散，也一蹶不振。

从永贞革新到甘露之变，统治阶级内部具有进步思想的人物王叔文、宋申锡、李训等几次想把宦官集团一网打尽，但由于宦官所掌有的禁军的强固存在，都没有成功；黄巢起义后，唐王朝最后一个宰相崔胤，鉴于禁军的溃散殆尽，于是借朱温的力量，轻而易举地杀尽了宦官。朱温这时受唐王朝的册封，已为宣武节度使，雄踞中原。崔胤的用心，是要在唐昭宗天复三年（903年）杀尽宦官后，积极图谋组织一支受君主直接控制的中央禁军，来消灭朱温和其他藩镇的割据势力，使国家权力在当时的历史基本条件下走上统一和强化。崔胤的良苦用心虽没有实现，但五代十国的历史，却正是由分崩离析的局面走上统一强盛的中央集权国家的一个过程。而之所以完成这一过程，归根结底，是由于黄巢起义给宦官集团以毁灭性的打击。如果不是在起义风暴中，先给那作为宦官支柱的神策禁军以毁灭性的打击，又怎能杀尽宦官？所以唐僖宗广明元年（880年）神策禁军溃散之时，宦官集团实则已走上必然灭亡的命运。这就足以充分体现黄巢起义的巨大作用了。

十二、五代十国

唐昭宗天复三年（903 年）唐代宦官被杀尽后的第四年，即后梁开平元年（907 年），朱温篡唐即皇帝位，建立后梁（907—923 年），中国历史正式走上五代十国分崩离析的局面。

五代即后梁、后唐（923—936 年）、后晋（936—947 年）、后汉（947—950 年）、后周（951—960 年），均在黄河流域立国。

十国除北汉在并州（今山西太原西南）外，其余九国即吴、南唐、吴越、前蜀、后蜀、南汉、楚、闽、荆南都在长江以南，时间凡 53 年，即自公元 907 年至 960 年。

在这短短 53 年间，虽然战乱频仍，但宦官势力既已消失，分裂割据的局面终究会被统一的中央集权政权所取代。随着封建剥削的加强，一支庞大的中央禁军到后周末年正式出现，藩镇势力相形见绌。

五代时期，黄河流域由于藩镇的割据混战、对人民的残酷剥削和契丹民族政权的疯狂骚扰，社会景象十分萧条。从怀（今河南沁阳）、孟（今河南孟州）到晋（今山西临汾）、绛（今山西新绛），数百里间，已是“郡邑无长吏，闾里无居民”，“数州之民，屠啖殆尽，荆棘蔽野，烟火断绝，凡十余年”[①]。而唐（今河南唐河）、邓（今河南邓县）、汝（今河南临汝）、郑乃至整个河淮之间，则是“屠翦焚荡，殆无孑遗”[②]。在这种惨绝人寰的景象下，人民求生不得，所以农民起义的风暴，依然继黄巢起义之后，激烈进行。后梁开平（907—911 年）初年，温韬在雍州的起义；贞明年间（915—921 年），毋乙、董乙在陈（治今河南淮阳）、颍（治今安徽阜阳）、蔡（治今河南汝南）三州的起义；后晋开运三年（946 年），孙方简在兖（治今山东兖州）、郓（治今山东东平西北）、沧（治今河北沧州东南）、贝（治今河北清河西）诸州的起义；后汉天福十二年（947 年）[③]，梁晖在磁州（今河北磁县）的起义、王琼在澶州（治今河南濮阳北）的起义等，都沉重地打击了封建统治。

自河东节度使石敬瑭为了篡夺后唐帝位，向契丹求援称臣、割让幽冀十六州后，遂使契丹长驱直入，恣意剽掠；后晋开运三年（946 年），契丹大举入寇，占领汴京（今河南开封），对汉族人民进行残酷的统治，于是激起汉族人民如火如荼的反辽斗争。黄河南北，所在蜂起，“多者数万人，少者不减千百，攻陷州县，杀掠吏民”[④]，给契丹以严重的创伤。契丹主耶律德光谓左右曰：“我不知中国之人

① （宋）薛居正等撰：《旧五代史》卷 15《李罕之传》，北京：中华书局点校本 1976 年版，第 208 页。

② （宋）司马光编著，（元）胡三省音注：《资治通鉴》卷 256，唐僖宗中和四年（884 年）十二月条，北京：中华书局点校本 1956 年版，第 8318 页。

③ 按：后汉高祖刘知远即位后，仍然沿用晋高祖石敬瑭年号，称天福十二年（947 年）。

④ （宋）司马光编著，（元）胡三省音注：《资治通鉴》卷 286，后汉高祖天福十二年（947 年）正月条，北京：中华书局点校本 1956 年版，第 9342—9343 页。

难制如此！”[①]最后终于被迫退出中原，狼狈北窜。

由于广大农民不断掀起革命的阶级斗争和民族斗争，才使黄河流域的社会生产得以恢复和发展，商业名都陆续出现，作为北方政治中心的大梁，是“北控燕、赵，南通江、淮，水陆都会，资用富饶”[②]。黄河北岸的邺都（今河北大名东北），是“襟带山河，表里形胜，原田沃衍，户赋殷繁”[③]。后晋时代的赵在礼在魏州（治河北大名东北）、沧州（治今河北沧州东南）、郓城（治今山东东平西北），“所至邸店罗列，积赀巨万”[④]。都市之间的商业联系，并未停滞。

五代十国，虽然战争频仍，而封建经济领域内的商品生产，却依然保持一定程度的发展，足以反映这一发展的事例，亦复不少。而乡村中进行交易货物的乡镇的出现，就是其中的一个典型方面。就文献的记载来看，岭南的梅口、成都的弥牟、邛州的合水、寿州

① （宋）司马光编著，（元）胡三省音注：《资治通鉴》卷286，后汉高祖天福十二年（947年）正月条，北京：中华书局点校本1956年版，第9346页。

② （宋）薛居正等撰：《旧五代史》卷76《晋高祖本纪》二注引桑维翰语，北京：中华书局点校本1976年版，第999页。

③ （宋）薛居正等撰：《旧五代史》卷89《桑维翰传》，北京：中华书局点校本1976年版，第1166页。

④ （宋）欧阳修撰，（宋）徐无党注：《新五代史》卷46《赵在礼传》，北京：中华书局点校本1974年版，第504页。

的来远，便是进行交易的乡镇。[①] 乡镇的出现，不但表明社会分工的发达，而且表明商业的活动并不限于都市了。

至于南方九国，除了四川，大都是黄巢起义军周旋流转之地，加以这里战争较少，所以社会经济仍能在唐代的基础上，继续发展。其中，如吴国在徐知诰执政时，“江、淮间旷土尽辟，桑柘满野，国以富强”[②]。楚王马殷“命民输税者皆以帛代钱，未几，民间机杼大盛”[③]。闽王审知在位时，史称“公私富实，境内以安”[④]。吴越王钱镠“筑捍海石塘”“由是钱唐富庶盛于东南”[⑤]。这样的记载在当时是比较多的。

关于生产者人身依附关系的变化，五代时宋州（今河南商丘南）

---

① 自中唐到五代的镇，虽然大都是节度使驻屯重兵的所在，但也未必没有用作交易货物的镇。北宋以后，由于藩镇兵权的消失，从前作为驻屯重兵的镇，已经不复存在，同时由于交换关系的发展，用作交易货物的镇，则不断出现，《元丰九域志》中所载的镇，便属这类性质。它们之中，虽然大部分是新兴的，但也有一部分是保留唐末以来用作交易货物的镇；因为中唐以后，在城郊聚人以进行交易的草市，既已出现，那么，在离城较远的山乡水村进行交易的乡镇，也未始没有，始于唐穆宗时越州会稽的平水市（《旧唐书》卷166《白居易传》），其实就是北宋的平水镇（《九域志》卷5）。五代时期合水（《资治通鉴》卷270）等四镇之见于《九域志》，正表明它们原是用作交易货物的镇而保留下来的，没有保留下来的，只是那些军事性质的镇，因而也不见于《九域志》。所以不能笼统地说，所有商业性质的镇，都始于北宋；北宋的镇，还往往由前代的村落、渡口、埭堰等演变而来，如陕州的石壕，在唐和五代是个村子，到北宋便变而为镇（《资治通鉴》卷274，后唐庄宗同光三年闰十二月条），即其例证。

② （宋）司马光编著，（元）胡三省音注：《资治通鉴》卷270，后梁均王贞明四年（918年）七月条，北京：中华书局点校本1956年版，第8832页。

③ （宋）司马光编著，（元）胡三省音注：《资治通鉴》卷274，后唐庄宗同光三年（925年）闰十一月条，北京：中华书局点校本1956年版，第8953页。

④ （宋）司马光编著，（元）胡三省音注：《资治通鉴》卷267，后梁太祖开平三年（909年）九月条，北京：中华书局点校本1956年版，第8717页。

⑤ （宋）司马光编著，（元）胡三省音注：《资治通鉴》卷267，后梁太祖开平四年（910年）八月条，北京：中华书局点校本1956年版，第8726页。

节度使赵在礼计口而征的"拔钉钱"，便是一个显例。《五代史补》略云：

赵在礼之在宋州也，所为不法，百姓苦之。一旦下制移镇永兴（治今陕西西安），百姓欣然相贺曰："此人若去，可为眼中拔钉子，何快哉！"在礼闻之怒，欲报拔钉之谤，遽上表更求宋州一年。时（指后晋天福初年）朝廷姑息勋臣，诏许之。在礼于是命吏籍管内户口，不论主客，每岁一千，纳之于家，号曰"拔钉钱"。①

"拔钉钱"虽是出于节度使的私愤而强加于百姓的一种暴敛，但是因为"不论主客，每岁一千"，却也反映了客户身份的接近主户。

在南北社会经济的发展基础上，南北人民也都有贸易往来、和平统一的要求。这种要求自后周郭威广顺元年（951 年）明令"缘淮军镇，各守疆域，无得纵兵擅入唐境，商旅往来，无得禁止"②后，已经开始显现。后周政府的岁入也随之增加，而藩镇的割据势力到郭威末年也开始归于中央。广顺三年（953 年）七月的诏书，就充分反映了这一点。诏书说：

京兆（今西安市）、凤翔府（今陕西凤翔）、同（治今陕西大荔）、华（治今陕西华县）、邠（治今陕西彬县）、延（治今陕西延安）、鄜（治今陕西富县）、耀（治今陕西铜川耀州）等州，所管州、县、军、镇，顷因唐末藩镇殊

① （宋）薛居正等撰：《旧五代史》卷 90《赵在礼传》注文，北京：中华书局点校本 1956 年版，第 1179 页。

② （宋）司马光编著，（元）胡三省音注：《资治通鉴》卷 290，后周太祖广顺元年（951 年）二月条，北京：中华书局点校本 1956 年版，第 9459 页。

> 风，久历岁时，未能厘革，政途不一，何以教民。其婚田争讼，赋税丁徭，合是令佐之职。其擒奸捕盗，庇护部民，合是军镇警察之职。今后各守职分，……其州府不得差监征军将下县。①

根据诏书，可知后周时期，至少关中地区的节度使已经不像唐代安史之乱后的藩镇，得以军事、财赋自擅了。因为安史之乱后的藩镇，在他的管辖之内可以设置镇将，统理地方军事、民政、财赋，刺史、县令则唯节度使命是从。而广顺三年诏书却规定镇将所职，限于“擒奸捕盗，庇护部民”，其“婚田争讼、赋税丁徭”，皆系令佐之职，镇将不能揽夺。赋税丁徭之由令佐掌理，正表明藩镇再也不能随意占留地方财赋，而须归于中央了。所谓“其州府不得差监征军将下县”，是说节度使不得派监司到军镇下县任意求取的意思。因为所谓“州府”，是指节度使在驻留之地即州治的官署，换言之，是指节度使的政令所在之地，所以可以泛指节度使。

广顺三年诏书既然规定节度使不得向军镇下县任意征敛，这就表明节度使独占方面的情势，已经开始转变了。《资治通鉴》卷292后周太祖显德元年（954年）十月条云：

> 初，宿卫之士，累朝相承，务求姑息，不欲简阅，恐伤人情，由是羸老者居多。但骄蹇不用命，实不可用，每遇大敌，不走即降，其所以失国，亦多由此。帝因高平之战，始知其弊，癸亥，谓侍臣曰：“凡兵务精不务多，今以

① （宋）薛居正等撰：《旧五代史》卷113《周太祖本纪四》，北京：中华书局点校本1976年版，第1497—1498页。

> 农夫百未能养甲士一，奈何浚民之膏泽，养此无用之物乎！且健懦不分，众何所劝！”乃命大简诸军，精锐者升之上军，羸者斥去之。又以骁勇之士多为藩镇所蓄，诏募天下壮士，咸遣指阙，命太祖皇帝选其尤者为殿前诸班，其骑步诸军，各命将帅选之。由是士卒精强，近代无比，征伐四方，所向皆捷，选练之力也。①

所以由节度使权力的开始削弱，地方财赋的开始归于中央，国家权力必然相应强大，国家财用也相应充足，从而也必然有余力可以建立一支精锐的中央禁军。这支禁军，到周世宗柴荣大败北汉兵于高平（今山西高平）之后，也正式建立：

> 由是士卒精强，近代无比，征伐四方，所向皆捷。

嗣后随着国势的扩充，禁军势力相应扩充，地方藩镇相应削弱，中唐以来作为藩镇割据的特殊条件，到此已渐趋消失。中央权力日益强大，水陆要冲的大梁，经过周世宗柴荣显德二年（955年）的扩建，也有了一番京师浩穰的气象。然后以强大的禁军，只用区区五六年的时间便“取秦陇，平淮右，复三关，威武之声震慑夷夏”②，强干弱枝之势如何逐渐显现，汴京政权又将如何扩大为一个统一的中央集权政权，只待宋太祖赵匡胤去继续完成。

---

① （宋）司马光编著，（元）胡三省音注：《资治通鉴》卷292，后周太祖显德元年（954年）十月条，北京：中华书局点校本1956年版，第9519页；（宋）王溥撰：《五代会要》卷12《京城诸军》注文与此略同，北京：中华书局1998年影印本，第157页。

② （宋）欧阳修撰，（宋）徐无党注：《新五代史》卷12《周世宗本纪》，北京：中华书局点校本1974年版，第125页。

附录：金宝祥先生主要论著目录

一、著作

1.《甘肃史稿》，主编，兰州：甘肃师范大学 1964 年版。

2.《中国古代史》（上、中、下）（教材），主编，撰写隋唐五代史部分，兰州：甘肃师范大学 1977 年版。

3.《唐史论文集》，兰州：甘肃人民出版社 1982 年版。

4.《隋史新探》，主编、主撰，兰州：兰州大学出版社 1989 年版。

5.《陇上学人文存・金宝祥卷》，兰州：甘肃人民出版社 2012 年版。

6.《隋唐五代史要义》，北京：人民出版社 2021 年版。

二、论文

1.《汉末至南北朝南方蛮夷的迁徙》，《禹贡》第 5 卷第 12 期，1936 年 8 月。（按：系在北京大学听蒙文通先生"魏晋南北朝史"和

冯家昇先生“沿革地理”课之作业，由冯先生推荐发表）

2.《宋高宗南渡前后两淮及西北居民之南迁》，《中央日报·史学》（昆明版）1940年9月10日、17日、24日连载。

3.《南宋马政考》，《文史杂志》1941年第8期。

4.《唐代封建经济的发展及其矛盾》，《历史教学》1954年第5、6期。

5.《汉魏西晋时期北方少数民族的内徙》，《历史教学》1956年第11期。

6.《和印度佛教寓言有关的两件唐代风俗》，《西北师范学院学报》（社会科学版）1958年第1期。

7.《论唐代的土地所有制》，《历史教学与研究》1959年第3期。收入南开大学历史系中国古代史教研组编《中国封建社会土地所有制形式问题讨论集》下编，北京：生活·读书·新知三联书店1962年版。

8.《中国封建社会的分期问题》，《历史教学与研究》1959年第3期。

9.《西夏的建国和封建化》，《历史教学与研究》1959年第5期。收入白滨主编《西夏史论文集》，银川：宁夏人民出版社1984年版。

10.《中国封建社会土地所有制是地主土地所有制》，《历史教学与研究》1960年第3期。

11.《关于中国封建社会土地私有制的形成问题》，《历史教学》1962年第2期。

12.《论唐代的两税法》，《甘肃师范大学学报》（社会科学版）

1962 年第 3 期。

13.《关于隋唐中央集权政权的形成与强化问题》，《甘肃师范大学学报》（社会科学版）1963 年第 2 期。

14.《论历史主义和阶级观点的相互关系》，《甘肃师范大学学报》（社会科学版）1963 年第 2 期。1981 年增补第三部分约万余字后收入氏著《唐史论文集》。

15.《北朝隋唐均田制研究》，《甘肃师范大学学报》（社会科学版）1978 年第 3 期。

16.《怎样探索我国封建主义流毒的历史根源》，《晋阳学刊》1981 年第 1 期。

17.《安史之乱后唐代封建经济的特色》，《甘肃师范大学学报》（社会科学版）1981 年第 2 期。

18.《中国封建专制主义之所以长期存在的历史根源》，《晋阳学刊》1982 年第 3 期。

19.《马克思主义究竟怎样看待历史科学的任务》，《西北师院学报》（社会科学版）1983 年第 2 期。

20.《金宝祥传略》，原载《晋阳学刊》，收入《晋阳学刊》编辑部编《中国现代社会科学家传略》第 4 辑，太原：山西人民出版社 1983 年版，第 285—292 页。

21.《唐史探赜》，《西北师院学报》（社会科学版）1986 年第 2 期。

22.《怎样更新史学——对更新史学的一点体会》，《中外历史》1987 年第 5 期。

23.《隋史总论》，《西北师院学报》（社会科学版）1988 年第

2 期。

24.《历史研究与理性思维》，《西北师大学报》（社会科学版）1993 年第 1 期。

25.《甘肃地区古史的中心内容是民族关系》，《文史知识》1997 年第 6 期。

（李宝通、魏明孔整理）

整理后记

关于《隋唐五代史要义》底本的写作，金宝祥师是如此说的：

> 六十年代初，我对隋文帝父子、唐太宗父子倾全国之力，三番五次地打高丽，不得其解，心殊不快。“文化大革命”中，夜间无事，潜心研读有关史书，边读边思，似有所悟。1972年写《中国古代史》隋唐五代之部时，才有所悟。（《隋史新探·序言》第1页）

金先生主编三卷本《中国古代史》并亲自撰写了隋唐五代史部分，始于1972年并于1977年4月作为学校的教材内部发行。我们历史系77级及后来的数届同学，用的就是这部教材。因为77级是恢复高考后的第一届大学生，系上配备的授课老师阵容强大，其中隋唐五代史就是由时任系主任兼省历史学会会长、学报主编的金宝祥教授亲自讲授的。金先生非常儒雅，上课很有感染力，讲授到关键处如身临其境，使人有无尽的享受与回味，以至于我们前后班同学现在见面时还在每每回忆。先生备课非常认真，每节课都要有新的内容与见解，备课通宵达旦是常有的事。读研究生时，第一学年金先生给我们三位同学每周在先生府上上一次专业课，一般是晚上 7 点开始，讲到 10 点左右结束，一次先生给我们上课居然到凌晨 1 点多才下课，要不是李宝通师兄发出了鼾声，先生仍意犹未尽。金先生上课时多次与我们进行讨论，如他问我们学生对具体史料或对经典作家的一段话的理解或看法，课堂气氛非常民主。上课时先生要给我们沏上其家乡的上等龙井茶，尽管先生早已戒烟，却不时给我们散发牡丹牌香烟，如果我们动作慢，先生就会给我们散烟并亲自点烟。不仅如此，先生作为系主任每个星期六下午都去一次系里，处理完系里的工作后，便会来到宝通师兄和我合住的宿舍（王三北师兄不住研究生宿舍），与我们交谈两个小时左右，谈学问，讲人生，关心我们的学习和生活。这样每个星期六下午我们绝不会外出。在当时全校同级的 13 个研究生同学中，都对我和宝通师兄非常羡慕。我们有金先生这样的老师，确实非常幸运。今天，老师上课时的音容笑貌仍时常浮现在眼前。为了保证教学质量，金先生招收研究生时都是一届毕业后再招下一届。这样，先生在"文革"前招收过一届研究生，"文革"后招收过四届。

先生在学术上的执着与严谨在学术界有口皆碑，他对自己的要求近乎到了严苛的程度。20 世纪 80 年代初，先生应约为上海高校的一本纪念文集撰写论文，最后清样都看过两遍，先生还是主动撤稿了，他认为论文中一部分的基本观点在其以前的论著中已经表述过，绝不可重复发表。先生在上大学时署名发表了题为《汉末至南北朝南方蛮夷的迁徙》（《禹贡》1936 年第 12 期）的论文。原来金先生在大学时同时选修了蒙文通教授的《魏晋南北朝史》和冯家昇教授的《沿革地理》等课程。冯教授课后要求交作业，金先生便将所听蒙教授的上课笔记进行了系统整理，搜集史料并参考了前人论著后，认真作了补充完善作为作业上交，便回老家萧山度暑假去了。冯教授认为金先生作业写得非常好，其中多有学术创见，就直接将其推荐到《禹贡》发表。等金先生回京后看到杂志后，他认为文章主要是根据蒙教授讲授的思路写成，自己只是对其进行了补充、完善，不应该算自己独立的学术论文。金先生对此一直耿耿于怀，我在西北师范大学历史系任教时，就多次听到金先生在中国古代史教研室和历史系教师会上讲过此事，在给我们研究生上课时也谈到此事，先生讲他就为此事而患了神经衰弱症，苦不堪言！金先生将此事记了一辈子，时常讲起，讲给别人听，更是讲给自己听，时常警示自己和学生。每每听到这里，我们学生都会受到一次心灵洗礼！先生治学之严肃，永远是我们学习的榜样！金先生授课时的备课之认真，与撰写学术论文一样，这我们从《隋唐五代史要义》中可以领略一二。

作为多次聆听金先生讲授中古历史的学生，我认为自己有义务将老师的讲授内容进行必要的整理而出版。这次整理，主要根据《中国古代史》中册第六章“隋唐五代时期封建经济的发展及其矛盾、专制主义中央集权政权的强化、各族之间的相互关系、农民起义的巨大作用”，以及金先生给 77 级本科生、81 级隋唐史硕士研究生上课时的笔记整理而成。全书分为十二讲或十二个专题，均是隋唐五代史中最核心的内容。在整理过程中，幸得大学同班同学青岛大学李曙新教授、师兄西北师范大学李宝通教授提供了其大学笔记、研究生笔记以作参考。

这次整理，尽量根据先生讲义的原貌，我只是做了如下具体工作：一是对原讲义中所引用的史料进行了逐条核实，因为当时的印刷水准有限，会出现不同程度的问题，在这一方面只是进行了技术方面的处理。二是对个别不太清楚的地方，按照金师其他论著做了必要的补充或说明，这样便在注释中以“明孔按”或“按”标识。三是根据当下出版社对于学术著作的规范及其他具体要求，对文中的个别表述及注释作了一定的处理。需要说明的是，《隋唐五代史要义》中所引用的著作版本，在不影响原意的前提下，个别地方利用了近年来整理过的版本，这主要是在新冠肺炎疫情下而不得不采取的一种变通办法，当然也就成了我为天生疏懒的开脱借口。从整体上讲，《隋唐五代史要义》一仍原貌，保留了当时老师讲义的原生态，反映了50年前作者的时代特征。我想，这是金先生自始至终追求主客相通、古今相通的心愿。当然，由于本人才疏学浅，对先生的学术理解仍有不准确乃至错误之处，这无疑是整理者的问题，恳请师友和读者批评指正。

在整理过程中，师兄李宝通教授、李曙新教授、胡小鹏教授等给予了鼓励与帮助，得到了先生哲嗣金亦石兄的信任与支持，西北师范大学副校长田澍教授、历史文化学院院长何玉红博士给予了指导与重视，河北大学宋史研究中心唐晔博士在校对方面给予珍贵帮助，人民出版社责任编辑邵永忠先生为本书的出版付出了诸多心血，对此谨一并表示衷心感谢。

在迎来母校西北师范大学建校120周年之际，整理出版在西北师范大学工作超过半个世纪的金宝祥师《隋唐五代史要义》，这既是对西北师范大学建校双甲子的纪念，更是对先师永远的崇敬与怀念。

魏明孔

2022年10月9日于北京三里河无书房斋

责任编辑:邵永忠
封面设计:胡欣欣
责任校对:吕　飞

图书在版编目(CIP)数据

隋唐五代史要义/金宝祥 著 ；魏明孔 整理. —北京：
　人民出版社,2022.10
ISBN 978-7-01-024194-4

Ⅰ.①隋…　Ⅱ.①金… ②魏…　Ⅲ.①中国历史-研究-隋唐时代　②中国
　历史-研究-五代十国时期　Ⅳ.①K240.7

中国版本图书馆 CIP 数据核字(2022)第 069033 号

隋唐五代史要义
SUITANG WUDAI SHI YAOYI

金宝祥　著　　魏明孔　整理

人民出版社 出版发行
(100706　北京市东城区隆福寺街 99 号)

北京中科印刷有限公司印刷　新华书店经销

2022 年 10 月第 1 版　2022 年 10 月北京第 1 次印刷
开本:710 毫米×1000 毫米 1/16　印张:13.25　字数:220 千字

ISBN 978-7-01-024194-4　定价:50.00 元

邮购地址 100706　北京市东城区隆福寺街 99 号
人民东方图书销售中心　电话 (010)65250042　65289539